Werner Ablass

Liebe ist die Lösung

Werner Ablass

Liebe ist die Lösung

Omega

Bibliografische Information der Deutschen Bibliothek

Die Deutsche Bibliothek verzeichnet diese Publikation in der Deutschen Nationalbibliografie; detaillierte bibliografische Daten sind im Internet über http://dnb.ddb.de abrufbar.

5. Auflage Mai 2007

Lektorat: Gisela Bongart

Co-Lektorat: Ulrike Kerstiens

Satz und Gestaltung: Martin Meier

ISBN 978-3-930243-32-7

Dieses Buch wurde nach den Regeln der alten Rechtschreibung lektoriert.

Druck: FINIDR, s.r.o., Český Těšín, Tschechische Republik

Omega®-Verlag, Gisela Bongart und Martin Meier (GbR)

D-52080 Aachen • Karlstr. 32

Tel: 0241-168 163 0 • Fax: 0241-168 163 3

e-mail: info@omega-verlag.de

www.omega-verlag.de

Inhaltsverzeichnis

Danksagung:

Gisela Bongart, meiner Verlegerin und Vertrauten, deren anspruchsvolle Betreuung dieses Buch in die Welt gebracht hat, Bärbel Mohr, deren engagierter Promotion ich einen Großteil des Verkaufserfolgs meines ersten Buchs *Leide nicht – liebe* verdanke, meiner Frau Ruth, wegen ihrer bedingungslosen Liebe zu mir, die mir täglich Stärke verleiht, und Ramesh Sri Balsekar, durch den mir unbeschreibliches Glück zuteil wurde.

NICHTS IST SO
WIE ES ZU SEIN SCHEINT

Vorwort

Nach dem Erscheinen meines ersten Buches *Leide nicht – liebe* erhielt ich nahezu täglich Zuschriften, in denen mir Leser bezeugten, wie sehr ihnen die Liebe zur Liebe ohne Objekt geholfen habe. Und eine ganze Reihe von ihnen baten mich, doch recht bald ein neues Buch zu schreiben. Hier ist es. Das Thema ist natürlich dasselbe. Du kommst einfach nicht mehr davon weg, AGAPE, die Liebe ohne Objekt, zu lieben, wenn du erlebst, wieviel mehr Frieden und Glück durch sie in dein Leben gelangt.

Wenn du mein erstes Buch nicht gelesen hast, wirst du in diesem hier alle Grundsätze finden, um sofort mit der Übung beginnen zu können, die dich in optimale Resonanz mit dem Kosmos bringen und ihn veranlassen wird, dich mit Geschenken der Liebe zu überraschen.

Wenn du bereits auf diesem Übungsweg bist, wirst du im vorliegenden Buch neue Aspekte, Anregungen und Beispiele finden, die dir das Lieben im Alltag erleichtern. Ich bin mir dessen gewiß, weil ich sie aus meiner unmittelbaren Erfahrung als Übender niedergeschrieben habe.

Vor allem jedoch wird dir *Liebe ist die Lösung* dabei helfen, deine wahre Natur zu realisieren.[1] Darauf liegt der Schwerpunkt dieses Buches, und es baut damit auf dem ersten auf.

Je länger du auf diesem Übungsweg bist, desto weniger mußt du etwas üben, denn unser Gehirn ist ungeheuer lernfähig und entwickelt einen unbewußten Reflex, der es schließlich überflüssig macht, sich bewußt an die Liebe zu erinnern.

Wenn du erst einmal realisiert hast, daß du tatsächlich Liebe bist und in keiner Situation etwas anderes als Liebe sein kannst, wirst du in diesem Bewußtsein immer beständiger werden. Obwohl du in schwierigen Situationen natürlich weiterhin negative Emotionen wahrnimmst, verlieren sie mehr und mehr ihre Macht über dich. Ungestörter Friede ist das Ergebnis. Eine stabile innere Stille, aus der heraus du in unsere hektische Welt hinein leben und lieben kannst, ohne in sie verwickelt zu werden und aus dem Tritt zu kommen.

1 Mit dem Begriff „realisieren" meine ich erkennen, sich bewußt machen. Auch die später häufig verwendete „Selbstrealisation", die weit über die landläufige Bedeutung von „Selbstverwirklichung" hinausgeht, ist in diesem Sinne zu verstehen.

Liebe ist alles

Die Spielregeln im kosmischen Schwingungsverkehr

Wenn du ein scharfes Gericht essen willst, mußt du es beim Kochen entsprechend würzen. Wenn du dir im Fernsehen einen bestimmten Film ansehen willst, wirst du das Programm wählen müssen, auf dem er gesendet wird. Willst du dein Gewicht reduzieren, mußt du auf kalorienarme Ernährung achten. Möchtest du mit dem Zug nach Hamburg fahren, darfst du nicht in den Zug einsteigen, der nach Bad Reichenhall fährt.

„Na, das sind ja ganz neue Erkenntnisse!" magst du jetzt ironisch bemerken. Ich bin deiner Meinung, aber wie geht's dir mit folgender Aussage: Willst du, daß dein Wunsch nach einem erfüllten Leben Wirklichkeit wird, dann wäre eine der wichtigsten Voraussetzungen dafür die, deine gegenwärtige Situation zu akzeptieren. Und noch besser wär's, du würdest sie lieben! Auch und gerade dann, wenn dir **nicht** danach ist. Auch d'accord? Oder denkst du, damit läge ich nun völlig daneben?

Man kann natürlich weiterhin gegen besseres Wissen glauben, unsere ungeliebten Lebensumstände hätten nichts mit unserer emotionalen Verfassung zu tun, sollte sich dann aber nicht wundern, wenn man immer wieder in Situationen gerät, die alles andere als liebenswert sind. Denn es ist nun einmal so, daß unsere im Inneren erzeugten **Schwingungen** zu Lebens**bedingungen** werden. Es ist wie mit einem Stein, den du ins Wasser wirfst: Hast du jemals erlebt, daß dabei keine Kreise entstehen? Ein Naturgesetz macht keine Ausnahmen. Es funktioniert immer! So oder so!

Wenn deine Lebensumstände dir nicht behagen, solltest du daher zunächst die Ebene überprüfen, auf der du im alltäglichen Leben hauptsächlich „schwingst". Sind es vor allem die unteren Ebenen Angst, Ablehnung oder Gleichgültigkeit, kannst du einfach nicht erwarten, daß dich die Menschen, von denen dein Glück oder Unglück zu einem großen Teil abhängig zu sein scheint, mit einem Pokal und Sonderbeifall belohnen. Das ist ebenso unmöglich wie die Erwartung, in Hamburg anzukommen, wenn du in einen Zug einsteigst, der nach Bad Reichenhall fährt. Du magst dich darüber beschweren, eine falsche Auskunft bekommen zu haben. Es nützt nichts, denn wenn du in diesem Zug sitzt, fährst du in die Berge und nicht Richtung Norden.

Ebenso wenig nützt es, sich darüber zu beschweren, du hättest schließlich bisher noch nie gehört oder gelesen, daß deine Schwingung von so großer Wichtigkeit ist. Im Gegenteil: Je mehr du dich beschwerst, desto schwieriger wird sich dein Leben in Zukunft gestalten, weil sich deine Schwingung durch Klagen und Anschuldigungen nicht gerade verbessert.

Wenn du ernsthaft daran interessiert bist, daß sich deine Lebensumstände und das Verhalten der Menschen in deinem Umfeld verbessern, mußt du bei dir selbst beginnen.

Weshalb fährst du mit deinem Auto nicht mal zur Abwechslung links? Warum hältst du bei Rot an der Ampel? Weshalb fährst du erst bei Grün los? Weshalb hältst du dich an die Regeln im Straßenverkehr, selbst wenn dir manchmal danach ist, sie zu mißachten? Weil du gerne heil und ohne Strafpunkte in Flensburg an deinem Fahrziel ankommen möchtest, was sonst? Du würdest jeden Verkehrsteilnehmer schwachsinnig nennen, der sich seine eigenen Regeln macht, weil er glaubt, die bestehenden einfach nicht einhalten zu KÖNNEN.

Ebenso kurzsichtig ist es, wenn jemand meint, er könne die Gesetze des Kosmos mißachten. Der Kosmos empfängt deine Schwingung ebenso präzise, wie ein Radargerät deine Geschwindigkeit mißt. Im Straßenverkehr mag es dir gelingen, deine zu hohe Geschwindigkeit vor einem Radargerät noch zu drosseln, im „kosmischen Schwingungsverkehr“ jedoch hast du dazu keine Chance, denn die unsichtbaren „Meßgeräte“ des Universums sind stets gegenwärtig. Schwingst du in mehr als 50 Prozent deiner Zeit auf den unteren Ebenen, wirst du zu über 50 Prozent negative Resonanz, das heißt negative Lebensumstände erfahren. Umgekehrt gilt natürlich dasselbe: Befindest du dich in über 50 Prozent deiner Zeit auf der Ebene der Liebe, wirst du entsprechend mehr Liebesbeweise des Kosmos erfahren.

Sollte dir nun das Wissen um die Präzision des „kosmischen Radargerätes“ ein wenig Angst einjagen, ist das durchaus positiv! Denn genau dazu ist Angst ja da: als ein notwendiges Signal, um Gefahren zu erkennen. Allerdings solltest du nicht in der Angst verharren, weil sie auf Dauer die denkbar schlechteste kosmische Resonanz für deine Lebensumstände erzeugt. Sperr also den Angsthasen in dir weg und beginne sofort damit, dich auf deinen natürlichen Zustand, den Zustand der Liebe, einzuschwingen. Und wenn negative Gedanken und negative Gefühle aufkommen, nimm sie einfach wahr und sage ihnen: „Freunde, ich fühl mich so wohl im Zustand der

Liebe! Euch kann ich dabei überhaupt nicht gebrauchen!“ Nicht verdrängen, nicht um jeden Preis positiv denken. Realisiere einfach: „Ich liebe!“ Mitten in deinem Ärger, in deinem Mißmut, in deinem Frust. Das funktioniert, es ist kein Gewaltakt! Zu lieben, das ist kein **Kampf**, sondern das Gegenteil davon. Es erlöst dich augenblicklich vom **Krampf** angespannter Emotionalität.

Ob du tagsüber in der Schwingung der Liebe bleibst, ist ausschließlich DEINE Entscheidung. Rede dir nicht ein, du könntest nicht lieben, weil du etwas nicht liebenswert findest. **In Wahrheit kannst du dich immer nur GEGEN die Liebe entscheiden, denn Liebe ist dein natürlicher Zustand!** Niemand anders als du bestimmt über die Qualität der eigenen Schwingung. Wenn du in deinem natürlichen Zustand bleiben WILLST, können dir weder unsympathische Menschen noch ungünstige Situationen einen Strich durch die Rechnung machen. Es sei denn, du sagst dir, wenn jemand in deiner nächsten Umgebung so richtig schlecht drauf ist: „Gott sei Dank. Welch eine herrlich miese Schwingung! Da häng ich mich ran. Die zieh ich mir rein!“ Dafür mußt du noch nicht mal etwas bezahlen. Schlechte Schwingungen sind immer gratis zu haben.

Wenn du dich dafür entscheidest, tagsüber in dem natürlichen Zustand der Liebe zu bleiben, kostet das ebensowenig. Du mußt lediglich darauf achten, dich nicht GEGEN deinen natürlichen Zustand von den negativen Schwingungen anderer Menschen „hypnotisieren“ zu lassen.

Wenn du nicht liebst, ist es immer eine Entscheidung GEGEN die Liebe. Es ist so, als würdest du den Atem anhalten. Das ist ziemlich anstrengend, oder? Du brauchst nur weiterzuatmen, und schon ist wieder alles in Ordnung. Ebenso ist es mit der Liebe. Wenn du deinen natürlichen Zustand nicht erfährst, bist du lediglich von ihm abgelenkt. Entspanne dich, sei einfach bei dir – und schon bist du wieder drin. Erwarte jedoch keine großen Gefühle. Es genügt völlig, wenn du dich nach der „Entkrampfung“ friedvoller fühlst als zuvor. Sobald du dann in deinem alltäglichen Leben realisierst: „Hey, in was für eine eigenartig niedrige Schwingung bin ich denn da gerade geraten?“, brauchst du dich nur an deinen natürlichen Zustand der Liebe zu erinnern, und schon bist du wieder „normal“. Wenn du ein wenig mutiger geworden bist, sagst du vielleicht anstatt: „Ich liebe“ sogar „Ich BIN Liebe!“ Mehr ist nicht nötig, um jeweils in die Schwingung zurückzukommen.

Wenn es dir nicht gelingen sollte, auf diese Weise „in Schwingung“ zu kommen, empfehle ich dir, es einmal mit folgender Methode auszuprobieren: Erinnere dich an eine Situation in deinem Leben, in der du so richtig verliebt warst – nicht nur ein wenig, sondern so intensiv, daß dir vor Glück fast schwindlig wurde. Es spielt keine Rolle, ob dieses intensive Liebesgefühl einem Menschen, einem Idol, einem Tier, einem Bild, einem Gegenstand, einem Naturschauspiel, einer Filmszene, einer Handlung oder womöglich dir selbst galt. Wähle die Situation nicht mit dem Kopf, sondern vertraue deinem Bauchgefühl. Was dabei als erstes in dir aufsteigt, das ist es meistens.

Wenn dir die Situation wieder vor Augen steht, frage dich einfach: Wie würde es sich wohl anfühlen, dieses wunderschöne Verliebtheitsgefühl von damals JETZT wieder zu spüren? Wenn du ein visueller Mensch bist, laß die Erinnerung in Form eines Bildes oder einer Szene in dir aufsteigen. Beeindrucken dich jedoch Worte und Töne mehr als Bilder, dann gib deiner Erinnerung Raum für die Wiederholung der Worte, die du damals benutzt hast, um deiner Liebe Ausdruck zu verleihen. Keine Frage, dein Gehirn wird das Gefühl wie ein gehorsamer Diener in Sekundenschnelle reaktivicren – vielleicht nicht so intensiv wie damals, aber gegenwärtig wird es wieder sein. Frage dich nun: Wie würde es sich anfühlen, wenn dieses Gefühl JETZT stärker würde? Auch das wird geschehen. Du kannst aber jederzeit noch ein Stück weiter gehen, um es noch mehr zu intensivieren, indem du dich einfach fragst: Wie würde es sich wohl anfühlen, wenn dieses wundervolle, faszinierende Liebesgefühl JETZT noch ein wenig intensiver würde? Du kannst das Gefühl hochdrehen, bis du vor Liebe glühst, wenn du magst, aber das ist gar nicht nötig. Um in der Schwingung der Liebe zu sein, genügt es, wenn du dich „gelassen liebevoll" fühlst.

Wenn du erst einmal darin geübt bist, deinen natürlichen Zustand durch dieses Hilfsmittel sozusagen aus dem Stand zu realisieren, wird es später kein Problem sein, diesen Anker mit den Worten „Ich liebe" oder „Ich bin Liebe" zu reaktivieren.

Vermeide jedoch Extreme. Du brauchst kein Heiliger zu werden. Sag also ruhig mal „Mist!", wenn dir etwas gegen den Strich geht. Laß dir deinen Ärger ruhig einmal ansehen. Gib ruhig einmal zu, daß du gerade frustriert bist. Kurzfristige „Schwingungsdurchhänger" sind kein Problem, im Gegenteil, sie bauen manchmal

Spannungen ab und klären dein Innenleben. Laß dich nur nicht herunterziehen. Denn dafür gibt's wirklich überhaupt keinen Grund.

Ich garantiere dir (und stehe zu meinem Wort), daß sich dein Leben in dem Maß positiv verändern wird, in dem du dich in deinem natürlichen Zustand der Liebe befindest. Kein Zweifel, denn der Kosmos reagiert auf diese Schwingung mit Geschenken der Liebe. Das Gehirn ist ungeheuer lernfähig. Du mußt es nur eine Zeitlang umprägen oder umprogrammieren. Dann entwickelt es einen Reflex, der dich von innen heraus an deinen natürlichen Zustand erinnert.

Wenn das soooo einfach ist, weshalb sehe ich dann in meinem Umfeld so wenig liebende Menschen? Weshalb sehe ich in der Tagesschau jeden Tag Gewalt, Krieg, Unterdrückung, Terror über den Bildschirm flimmern? Und weshalb erfahre ich selbst „meinen natürlichen Zustand“ relativ selten? Diesen Fragen werden wir in den nächsten beiden Kapiteln nachgehen.

Dein natürlicher Zustand

Ich behaupte: Es gibt nur zwei Zustände, in denen wir uns befinden können. Der eine heißt: **Liebe fließt**. Der andere heißt: **Liebe blockiert**.

„Liebe fließt" ist unser natürlicher Zustand. Solange sich uns keine Blockaden in den Weg stellen, erleben wir uns im Fluß. Das ist wie bei einem Strom: Du brauchst nichts zu tun, damit er fließt, mußt ihn dazu weder „anschubsen" noch ihm gut zureden. Das ändert sich aber abrupt, wenn du im Flußbett einen Wall errichtest. Solange er nicht allzu hoch ist, wird das kein Problem für den Fluß darstellen. Das Wasser staut sich für einen kurzen Moment, bis es die Höhe des Walls erreicht hat, und fließt dann ungehindert darüber hinweg.

Ebenso auch bei uns: Wenn kleinere Probleme auftauchen, behindert das unser Fließen in Liebe nicht sehr. Wenn der aufgerichtete Wall jedoch hoch ist, wird das Wasser in seinem Fließen gestoppt. Wir erleben das, wenn uns Probleme „über den Kopf" wachsen. Dann fühlen wir uns „total blockiert".

Jetzt gibt es eigentlich nur eine Alternative: Nimm die Blockade weg, denn dann bist du sofort wieder im Fluß. Statt dessen passiert manchmal etwas völlig Absurdes: Wir fixieren uns auf das Problem und **verstärken** es dadurch. In der Konsequenz bedeutet das dann: Das Problem selbst ist gar nicht mehr unser Problem, sondern unsere **Fixierung** auf das Problem!

Ein Beispiel zur Veranschaulichung: Nehmen wir einmal an, du hättest ein Problem mit einem deiner Arbeitskollegen. Du würdest gern harmonisch mit ihm zusammenarbeiten, doch der Kollege baut eine Wand aus Antipathie auf. Diese Wand stoppt in dir das Fließen der Liebe. Wann immer du mit ihm sprichst, bist du hinterher frustriert. Das Problem beschäftigt dich selbstverständlich, und du beginnst dich zu fragen, weshalb er dich nicht mag. Ist er ein Ignorant? Ist er neidisch auf dich? Hat er ein privates Problem, das er auf dich ablädt? Oder hast du ihm gegenüber etwas falsch gemacht, das er dir nun nachträgt? Wie sehr du auch überlegst, du findest keine Erklärung für sein feindseliges Verhalten. Das einzige Ergebnis deines Grübelns ist, daß sich dein Frust (dein Problemwall) verstärkt.

Eine Stimme in dir sagt vielleicht: Laß dich doch von dem Typ nicht so irritieren! Sieh doch vielmehr, wie viele andere Kollegen dich mögen! Hab Spaß an der Arbeit!

Wann immer du in deinem natürlichen Zustand blockiert bist, erhältst du von ihm eine Botschaft, damit du wieder zu ihm zurückkehrst. Doch anstatt auf diese Botschaft zu hören und die Liebe unabhängig von deinem Problem einfach **fließen zu lassen**, empfindest du sie als völlig unpassend oder gar als Bedrohung, weil sie ja nicht dein aktuelles Problem löst.

Wenn du in dieser Geisteshaltung verharrst, wird der Wall zwischen dir und deinem Arbeitskollegen von Tag zu Tag stärker und höher. Und jetzt nicht nur deshalb, weil **er** dich nicht mag, sondern weil **du** ihm durch deine Frustration für das Mauern seiner „Ablehnungswand" den Mörtel mischst und die Ziegel reichst.

Manche Menschen haben in ihrem Leben Problemstaumauern von großer Höhe und Dicke errichtet. Daher nehmen sie das Fließen der Liebe fast nicht mehr wahr. Kennst du nicht auch Menschen, die hauptsächlich über ihre oder die Probleme anderer sprechen? Warum? Ihr Blick ist nahezu ausschließlich auf das Bauen von wahrhaft imposanten Problemstaumauern gerichtet. Daher existiert für sie kaum etwas anderes. Sprichst du mit ihnen über das Fließen der Liebe, werden sie dich nur auslachen und auf all die entsetzlichen Probleme in der Welt hinweisen.

Wenn du ihnen dann klarzumachen versuchst, daß nur „Liebe im Fluß“ unsere Probleme zu lösen vermag, werden sie deine Botschaft als Bedrohung ihres Status quo empfinden, davon überzeugt sein, ihre aktuellen Probleme so niemals lösen zu können und an ihrer Staumauer weiterbauen. So verliebt sind sie in ihr Bauwerk!

Ja, so paradox es klingen mag: Auch problemorientierte Menschen lieben – jedoch nicht das Fließen, sondern ihr Bauwerk. Was müßten Menschen tun, um wieder in Fluß zu kommen? Nur eins: das entfernen, was sie blockiert. Um das Fließen der Liebe müssen sie sich nicht kümmern.

Wie entfernen wir nun den Stau? Gute Nachricht für alle bequemen und faulen Leute: Am besten gar nicht, denn das würde sehr, sehr viel Arbeit bedeuten, die manchmal sogar dazu führt, daß die Mauer statt niedriger so hoch wie der Eiffelturm wird. Ich kenne ein paar Leute, bei denen Therapien zur Aufarbeitung ihrer Vergangenheit den Bau der Mauer fortsetzten, anstatt ihn zu stoppen oder gar rückgängig zu machen!

Die Lösung besteht darin, an der Staumauer einfach nicht mehr weiterzubauen. Das bedeutet nicht: Ignoriere deine Probleme oder rede sie dir schön. Es bedeutet: Mach deine Probleme nicht zum Mittelpunkt deines Denkens! Und betrachte das Fließen der Liebe nicht als Bedrohung. Laß einfach alles so, wie es ist, und vertraue dem Fließen. Wenn die Liebe wieder fließt und das „Wasser" steigt, wird sie ohne deine Mithilfe einfach über die Mauer deiner Probleme hinwegfließen.

Das, was sich an Problemen aufgebaut hat, kannst du meistens nicht aus deinem Leben entfernen. Wenn aber die Liebe wieder in Fluß kommt, überwindet sie deine Probleme. Sie wird **überströmen** und in dem ausgetrockneten Flußbett jenseits der Staumauer wieder zu fließen zu beginnen.

Wie würde sich das in unserem Beispiel konkret auswirken? Wann immer du mit dem ignoranten Verhalten deines Arbeitskollegen konfrontiert wirst, würdest du seine Antipathie zwar immer noch wahrnehmen, dich aber nicht mehr auf seinen negativen Energielevel herunterziehen lassen. Wie auch immer er sich dir gegenüber verhält: Du bleibst in deinem natürlichen Zustand: **Liebe fließt**.

Die Veränderung deiner Schwingungsfrequenz muß nicht zwangsläufig dazu führen, daß dein Arbeitskollege dir um den Hals fällt und schluchzend bekennt, wie rüde er sich dir gegenüber verhalten hat! Wenn du deine Schwingungserhöhung mit solchen (oder auch weniger idealistischen) Erwartungen verknüpfst, wirst du mitunter enttäuscht sein, und das Gefühl der Enttäuschung wird dich wiederum herunterziehen.

Dein Motiv ist einfach nur, in deinem natürlichen Zustand zu bleiben. Zwei Dinge werden jedoch auf jeden Fall geschehen: Erstens wird es dir richtig gut gehen. Du wirst nicht mehr abhängig sein von der miesen Schwingung des anderen. Zweitens wird dein natürlicher Zustand den Arbeitskollegen an seinen eigenen natürlichen Zustand erinnern, den er sich durch seine Antipathie selbst blockiert. Diese Erinnerung mag ihm rational nicht bewußt sein, und doch wird deine „liebevolle" Ausstrahlung sein inneres Wesen berühren, das wie deins Liebe ist. Wenn du im Zustand von „Liebe fließt" bleibst, ist die Chance groß, daß seine Antipathie irgendwann zusammenbricht, weil er sich einfach nicht mehr gegen seinen natürlichen Zustand, den du ihm vorlebst und spiegelst, sperren kann. Und wer weiß – vielleicht werdet ihr dann sogar zu den besten Freunden.

Denk daran: Wann immer du nicht im Fluß bist, gibt's nichts anderes für dich zu tun, als deinen Blick auf deinen natürlichen Zustand zu richten: **Liebe fließt**. Denn das Fließen der Liebe überwindet unsere Blockaden und auch die der anderen am effektivsten.

Im nächsten Kapitel werden wir uns die Ursachen unserer „Liebesflußblockaden“ globaler, vor allem aber etwas grundsätzlicher ansehen.

Du bist Liebe

„Gott ist Liebe. Und wer in der Liebe bleibt, der bleibt in Gott und Gott in ihm.“ (1. Joh. 4:16)[2]

Wir könnten Gott auch Tao, Brahman, das Absolute, die Quelle oder Alles-was-Ist nennen. Denn gemeint ist der zeitlose Ursprung und die Essenz allen Seins.

Wenn der Ursprung und die Essenz allen Seins Liebe ist, dann kann auf diesem Globus nichts anderes als Liebe existieren. Wenn Gott der Ursprung und die Essenz allen Seins ist, dann muß alles Sein Liebe sein.

Wenn dem aber so ist, warum sehen wir dann nicht nur Liebe um uns herum? Warum herrscht in der Natur vielmehr das Gesetz von Fressen und Gefressenwerden? Warum hassen, bekriegen, quälen, töten Menschen einander? Weshalb zieht mancher Zeitgenosse selbst wegen eines „zu laut“ quakenden Froschs im benachbarten Biotop vor Gericht? Warum kannst auch du nicht zu jedem Zeitpunkt Liebe empfinden? Warum erscheint

2 Hier und im folgenden zitiert aus der Elberfelder Übersetzung der Bibel

dir die Liebe manchmal **ferner** als das nächste Sonnensystem? In dieser Frage liegt bereits die Antwort: Alles, was sich als Nicht-Liebe manifestiert, ist „Liebe auf Distanz zu sich selbst". Es ist immer noch Liebe, verstehst du? Nur eben nicht Liebe, die bei sich selbst ist!

Wieso kann es in einem Universum der Liebe überhaupt so etwas wie „Liebe auf Distanz" geben? Ist diese Formulierung nicht nur ein philosophisch verpackter Trick, um das Leid auf der Welt zu erklären? Wie ist es möglich, daß wir uns als Wesen der Liebe von der Liebe abwenden und als ihr Gegenteil erscheinen können?

Nachdem ich mich über dreißig Jahre mit den Sinnfragen und den möglichen Antworten beschäftigt habe, halte ich Buddhas Antwort für die bestmögliche. Wann immer man ihm eine Sinnfrage stellte, hüllte er sich in Schweigen.

Je länger du darüber nachdenkst, **aus welchem Grund** sich Liebe in ihr Gegenteil verkehren kann, desto verwirrter wirst du. Es gibt x Theorien und Philosophien darüber, aber keine von ihnen wird dir am Ende wirklich logisch erscheinen. Weder die Bibel noch die Baghavadgita, weder Jesus noch Laotse, weder Heraklit, Plotin, Schelling, Kant oder Hegel noch irgendein anderer Philosoph oder Mystiker konnte Licht in diese Frage bringen. Buddha war offenbar der einzige Erleuchtete, der dies erkannte und sich deshalb überhaupt nicht auf die Beantwortung der Sinnfrage einließ. Denn alle Theorien führen sich am Ende selbst ad absurdum oder bleiben zumindest widersprüchlich.

Ob du die Willensfreiheit jedes Geschöpfes oder göttliche Vorherbestimmung, ob du die Souveränität Gottes oder die Bosheit des Teufels zur Ursache machst, ob du vermutest, daß Leid für die Entwicklung der menschlichen Seele notwendig ist, oder ob du die Welt das Spiel Gottes nennst: Letztlich bleibt unverständlich, warum Liebe (oder Gott) uns die widersinnig erscheinende Möglichkeit gab, uns von unserem ureigensten Wesen abzuwenden. Natürlich kann man sagen: Ohne Gegensätze wäre das Leben, wie wir es kennen, undenkbar.

Dennoch bleibt die Frage offen: WARUM muß es denn diese Form des Lebens überhaupt geben? Hätte sich der Schöpfer nichts Besseres einfallen lassen können? Hätte er in seiner Allmacht nicht zumindest für „Schadensbegrenzung" sorgen können? Daher mein Tip: Befasse dich nicht mehr mit der Frage, WARUM es so ist, wie es ist, sondern mit der viel wichtigeren Frage: WIE gehe ich damit um, daß es so ist, wie es ist?

Fest steht: Wenn Gott Liebe ist und daher auch wir Liebe sind, können wir selbst dann, wenn wir in unserer subjektiven Liebeswahrnehmung blokkiert sind, niemals etwas anderes als Liebe sein. Es ist damit wie mit der Elektrizität, deren Einsatz unser Leben normalerweise enorm erleichtert. Bei unsachgemäßer Handhabung jedoch versetzt sie dir einen gehörigen Schlag. Im blockierten Zustand erscheinen wir uns zwar als neidisch, eifersüchtig, mißmutig, wütend, deprimiert oder haßerfüllt, doch das ändert nichts an unserer Essenz. Wir sind also niemals in irgendeinem dieser Zustände von unserem wahren Wesen abgeschnitten oder getrennt.

Daher ist der eigentliche Grund für allen Haß, allen Neid, alle Gewalt in der Welt **Liebe, die nicht so ausgelebt werden kann, daß sie als Liebe erscheint**. Und diese Behauptung läßt sich auch verifizieren.

Israelis und Palästinenser bekämpfen sich seit der Staatsgründung Israels. Trotz aller Friedensbemühungen wird in den Medien nahezu täglich von scheußlichsten Terror- und Racheakten berichtet. Versöhnung zwischen den beiden Völkern scheint unmöglich zu sein. Was ist der eigentliche, tiefere Grund für diese Tragödie? Die Palästinenser **lieben** ihre Heimaterde und fühlen sich durch die Israelis ihres Landes beraubt. Die Israelis **lieben** das Land, das ihnen einstmals gehörte, und verteidigen es daher seit der Staatsgründung im Jahr 1948. Hinzu kommt: Die Palästinenser **lieben** einen Gott, den sie Allah nennen, und einen Mann namens Mohammed als seinen Propheten. Die Juden **lieben** einen Gott, den sie Jahwe nennen, und einen Mann namens Moses als seinen Propheten. Der Gott der Mohammedaner gebietet seinen Anhängern, die Anhänger anderer Religionen zu vernichten und den Gottesstaat zu errichten. Der Gott der Juden gebietet seinen Anhängern, Nationen, die ihnen ihren Lebensraum, das „verheißene Land“, verwehren, zu vernichten. Weil beide Völker ihren Gott verehren und **lieben**, tun sie natürlich, was er ihnen jeweils gebietet. Es ist also in Wahrheit Liebe (zu ihrem Land, ihrer Nation, ihrem Gott), die sie beide haßerfüllt sein und sich gegenseitig abschlachten läßt.

Dasselbe Prinzip gilt für Hitler und seine aberwitzige Idee einer reinen arischen Rasse, die ihn dazu verführte, Millionen von Juden und andere „Untermenschen“ in Konzentrationslagern vergasen zu lassen. Hitler tat dies, so pervertiert dies auch war, aus dem Motiv leidenschaftlicher Liebe für seine absurde Ideologie.

Es ist immer, immer Liebe, die uns motiviert. Was auch immer ein Mensch an Bösem denkt und tut – sein **Motiv** ist Liebe, obwohl sie sich manchmal auf eine Art äußert, die ihm selbst und anderen Lebewesen Schaden zufügt.

Was nützt es uns, das zu wissen? Ändert das irgend etwas? Aber sicher. Würden wir uns dessen bewußt, daß wir in allem, was wir tun oder nicht tun, Liebe sind, wäre dies der Anfang eines Erkenntnisprozesses, der uns von allen Irrwegen zur ursprünglichen Liebe, der Liebe ohne Objekt, zurückbringen kann.

Denn was verwandelt Liebe in Haß und Grausamkeit? Immer nur ein bestimmtes Objekt unserer Liebe, von dem wir meinen, wir müßten es unbedingt besitzen, um glücklich sein zu können! Wäre unsere Liebe **objektfrei**, könnte sie sich unmöglich in Haß und Bosheit verwandeln.

Ich liebe meine Heimat! Ich liebe meine Nation! Ich liebe meinen Gott! Ich liebe meine Idee! Ich liebe Geld! Ich liebe Macht! Ich liebe diese Person! Ich liebe die Art, wie ich lebe, wie ich empfinde! Und wenn ich nicht bekomme, was ich liebe, oder wenn das, was ich liebe, von anderen verunglimpft, eingeschränkt, beschädigt oder vereinnahmt wird, dann kämpfe ich, bis ich es (wieder) habe! Selbst wenn ich dabei anderen

Menschen Schaden zufügen (oder den Schädel einschlagen) muß!

Liebe ist also, so unglaublich das klingt, der eigentliche Grund für Haß, Eifersucht, Neid, Mißgunst und alle Verbrechen auf diesem Globus. Wenn wir nun erkennen könnten, daß es nur die **Abhängigkeit von den Objekten** unserer Liebe ist, die unsere Liebe pervertiert, verdreht, auf den Kopf stellt, so könnten wir beginnen, den Weg zu beschreiten, der uns nach und nach von der Objektabhängigkeit unserer Liebe befreit.

Nur die Liebe ohne Objekt ist **unabhängige Liebe**. Die Liebe, die du im Inneren empfindest, wenn du ganz entspannt in dir ruhst. Ehe wir nicht diesen Zustand anstreben, kann es keinen Frieden auf dieser Welt geben. Noch nicht einmal in deiner Partnerschaft, ja noch nicht einmal in dir selbst.

Wenn du sein willst, was du in Wahrheit bist – einfach nur Liebe –, darfst du von keinem Objekt deiner Liebe **abhängig** sein. Das bedeutet nicht, daß du für kein Objekt (keinen Menschen, kein Tier, kein Ding) mehr Liebe empfindest. Das ist nicht nur unmöglich, sondern wäre auch wenig nützlich und darüber hinaus auch recht fad. Die **Abhängigkeit** ist das Problem. Um **unabhängig** zu werden, mußt du lernen, die Liebe zu lieben.

Die Liebe ohne Objekt. Die Liebe in dir, die du fühlst, wenn du einfach ganz bei dir selbst bist.

Das gelingt, wenn du JETZT, in diesem Moment, einfach – nein, nicht losläßt von allen Objekten. Es ist ein Trugschluß zu glauben, man könnte die Objekte seiner Liebe loslassen. **Spüre vielmehr der Liebe in dir selbst nach**. Verliebe dich in die Liebe! Sie ist immer da, sie kann sich unmöglich von dir entfernen, denn du bist Liebe und kannst niemals etwas anderes sein. Selbst wenn einer meiner Leser ein Mörder sein sollte oder ein gewalttätiger Mensch, der (hoffentlich) seine schändlichen Taten verurteilt, war er in keinem Moment seines Lebens etwas anderes als Liebe. Und sobald er sich dessen bewußt wird, wird er in seinen natürlichen Zustand zurückkehren können. Es spielt keine Rolle, wo wir gerade stehen. Dein inneres Wesen bleibt immer Liebe.

Auf was willst du warten? Es wird niemals in deinem Leben einen Zeitpunkt geben, an dem die Dinge so sind, wie sie sein sollten. Irgend etwas fehlt immer. Das Leben wird dir nur in ganz wenigen Momenten, vielleicht sogar niemals, perfekt erscheinen. Aber die Liebe ohne Objekt ist immer perfekt.

Wenn du dich gerade in deiner Liebe blockiert fühlst, sei sicher, daß du an einem Objekt deiner

Liebe festklebst. Es gibt niemals einen anderen Grund. Nur das ist die Ursache deiner Blockade. Wenn du nun behauptest, es sei dir unmöglich, diese Blockade zu entfernen: Herzlichen Glückwunsch, denn dieses Bekenntnis bezeugt deine Aufrichtigkeit. Wir können uns nur in seltenen Fällen aus eigener Kraft von unseren Liebesobjektabhängigkeiten befreien. Wenn zwei Gegenstände fest miteinander verklebt sind, kannst du an ihnen reißen und ziehen, solange du willst, sie werden sich so nicht loslösen lassen. Verwendest du jedoch ein geeignetes Lösungsmittel, brauchst du nur eine Weile zu warten, bis sich der Klebstoff aufgelöst hat. Dasselbe geschieht, wenn du dich dafür liebst, daß du blockiert bist. Streng dich nicht an. Laß alles so, wie es gerade ist, und laß einfach Liebe in deine Blockade fließen, nicht mehr. Je stärker der Klebstoff deiner Abhängigkeit ist, desto länger wird der Prozeß der Ablösung benötigen. Störe ihn nicht, indem du daran herumzumanipulieren versuchst, ungeduldig wirst, aus eigener Kraft die Verklebung auseinanderzureißen versuchst. Gewähre dem Prozeß etwas Zeit. Die Loslösung wird sich von selbst ereignen.

AGAPE, die Liebe ohne Objekt, wird dir, wenn du dich darin übst, sie zu lieben, irgendwann so wertvoll erscheinen, daß sich alle Objekte deiner

Liebe relativieren. Du brauchst sie gar nicht zu verleugnen. Du solltest sie nicht unterdrücken. Das Konzept der Selbstverleugnung bringt dich nicht weiter, sondern erzeugt im Gegenteil eine noch stärkere Abhängigkeit. Dadurch werden sich nur die Objekte deiner Liebe verändern – anstelle der Genüsse des Lebens wirst du dann deine asketischen Übungen lieben, nicht mehr.

Ein Beispiel dafür sah ich kürzlich in einem Fernsehbeitrag, der über einen bekannten Yogi aus Indien berichtete. Seit 24 Jahren streckt dieser Asket wegen eines Gelübdes Tag und Nacht seinen rechten Arm in die Höhe. Die Finger sind bereits abgestorben, und der Arm besteht nur noch aus Haut und Knochen. Selbst die extremste Askese verändert einen Menschen nicht im Kern seines Wesens. Das ist wie ein Kleiderwechsel, der die Person unten drunter unberührt läßt.

Du bist bereits Liebe, du mußt nicht Liebe werden, du brauchst nur wiederzuerkennen und zu lieben. So befreist du dich nach und nach von allen Abhängigkeiten. So kommst du in dein wahres Wesen zurück. So löst du dich von aller Verhaftung. So wirst du zu Liebe, die ungehindert fließen kann.

Außen spiegelt Innen

Was auch immer du im Alltag an Negativem erlebst – in dir und um dich herum – ist also Liebe. Liebe allerdings, die an Liebesobjekten festhängt. Selbst Kriege, kriminelle Taten und Naturkatastrophen, die Menschen vermeintlich zu schuldlosen Opfern ihrer Umwelt machen, sind nicht etwa Zufall, sondern entstehen ursächlich durch die Verhaftung an Objekte der Liebe. Oder wie Thaddeus Golas es in seinem Buch *Der Erleuchtung ist es egal wie du sie erlangst* formuliert: „Weil wir uns von der [objektlosen] Liebe abgewandt haben."

Jedes Erleben in der Außenwelt ist ein Spiegel unserer psychischen Verfassung. Anders formuliert: Du kannst im Außen nur dann Leid erfahren, wenn du im Inneren eine Affinität[3] dazu hast. Bedenke jedoch: Affinität hat nichts mit Schuld zu tun. Affinität bedeutet Anziehungskraft aufgrund von Wesensverwandtschaft, und sie ent-

3 „Also stehen alle Erscheinungen in einer durchgängigen Verknüpfung nach notwendigen Gesetzen, und mithin in einer *transzendentalen Affinitität*, woraus die *empirische* die bloße Folge ist." (Immanuel Kant: *Kritik der reinen Vernunft*, Band 1, Suhrkamp Taschenbuch-Ausgabe, 3. Auflage 1977, S. 172/A 114)

steht durch unser jeweiliges Denken und Handeln in Resonanz mit dem Kosmos.

Der Unterschied zwischen Resonanz und Affinität ist folgender: Resonanz bedeutet Widerhall. Ich denke oder tue etwas, und der Kosmos „reagiert“ darauf wie ein Echo, indem er mir Ereignisse schickt, die meinen Gedanken und Handlungen entsprechen. Das ist der Vorgang als solcher. Affinität ist das **Ergebnis**. Wenn ich immer wieder „alles Mist“ denke, wird das Feedback (die kosmische Resonanz) entsprechende Ereignisse liefern. Und aus diesem Vorgang entwickelt sich in mir langfristig die Affinität (Entsprechung), sowohl immer wieder „alles Mist“ zu denken als auch immer wieder lauter „Mist“ zu erleben.

Ganz ähnlich ist es zum Beispiel mit dem Rauchen. Zunächst wiederholst du den Vorgang ein paarmal, ohne merklich vom Rauchen angezogen zu werden. Zweifelsohne jedoch kommt dein Organismus in Resonanz mit Nikotin. Und wenn du das Rauchen in diesem Stadium nicht stoppst, wird die Zigarette zu einem Magnet mit einer nahezu unwiderstehlichen Anziehungskraft.

Affinität bedeutet daher, daß in dir eine Entsprechung für bestimmte Ereignisse vorhanden ist. Das gilt sowohl für Freude als auch für Schmerz.

Du kannst weder mißhandelt noch beraubt oder ermordet werden, wenn in dir keine Entsprechung für solche unerfreulichen Ereignisse ist. Du kannst weder von einem Erdbeben noch von einem Hurrikan überrascht werden, wenn in deinem Geist kein Tor ist, das solchen katastrophalen Ereignissen Eingang gewährt. Alles, was wir erleben, hat seinen Ursprung in unserem eigenen Inneren.

Vielleicht hast du für manche Ereignisse in deinem Leben keine Erklärung, weil du dich nicht erinnern kannst, jemals mit denselben in Resonanz gewesen zu sein. Wir dürfen jedoch nicht übersehen, daß sich unser zeitloses Wesen schon viel öfter als einmal in einem Körper in diesem Kosmos manifestiert hat und daß wir daher vieles von dem, was wir gegenwärtig erleben, als Hypothek aus bereits gelebten Leben mitgebracht haben. Und wenn du dich fragst, weshalb beispielsweise 180 scheinbar zufällig zusammengewürfelte Menschen bei einem Flugzeugabsturz sterben, kannst du sicher sein, daß sie dasselbe Karma[4] haben.

4 Karma bedeutet „Tat" oder „Handeln", gleichzeitig aber auch die sich aus einer Tat oder Handlung ergebende „Folgewirkung" (Gesetz von Ursache und Wirkung). Jedes positive oder negative Tun führt somit aufgrund der bedingenden Verursachung zwangsläufig zu ebensolchen Ergebnissen. Dabei geht es nicht um Lohn

Sich seiner Affinität bewußt zu sein bedeutet nicht etwa, daß uns kein Leid mehr geschehen kann. Uns ist ja der Ursprung unserer Affinitäten vielfach gar nicht bewußt, weil sie teilweise in früheren Leben verursacht wurden. Denn was wir „Ich" nennen – so lehrt uns der Buddha–, ist in Wahrheit „eine den physischen Tod überdauernde Kontinuität psychischer Prozesse". Unser aktuelles Leben ist eine Art **Reaktualisierung**[5] von noch nicht zum Versiegen gelangten geistigen Kräften oder energetischen Potenzen, die so lange im Kreislauf des Daseins wirksam bleiben, bis sie erlöst oder besser aufgelöst sind.

Der entscheidende Vorteil dieses Bewußtseins besteht darin, daß du endlich, **endlich** damit auf-

und Strafe. Die Verbrennung, die sich aus dem Anfassen eines heißen Gegenstandes ergibt, ist ja auch keine Strafe, sondern die logische Folge einer unbedachten Handlung. Karma vergilt nicht, sondern mißt zu. Wir werden nicht für diese oder jene Tat belohnt bzw. bestraft, sondern durch sie konditioniert. Und diese Konditionierung erzeugt unsere „Affinität" (Gleiches zieht Gleiches an).

5 Gemeinhin werden die Worte Wiedergeburt (Reinkarnation) und Seelenwanderung als synonyme Begriffe aufgefaßt. Der Buddha lehrte jedoch keine Seelenwanderung, also keine substantielle Transmigration, kein Übergehen einer Seeleneinheit von der Person A auf die Person B. Der Begriff der »Wiedergeburt« ist im Grunde falsch, denn wir werden nicht als **gleiche** Seinseinheit wiedergeboren – weder physisch noch mental. Vielmehr wird mit jeder neuen Geburt eine Entwicklung fortgesetzt, die im Nirvana endet, wenn der Drang nach Aktualisierung eines Ichs und damit alle leidvollen Erfahrungen ihren Abschluß finden.

hören kannst, dich selbst, andere Menschen, Gott, den Teufel oder das Schicksal für leidvolle Geschehnisse **verantwortlich** zu machen. Mag sein, daß dir schuldlos Leid geschieht. Du bist dir vielleicht nicht einmal eines Fehlverhaltens bewußt. Ja im Gegenteil, du hast sogar deiner Meinung nach alles richtig gemacht. Und doch hast du offenbar eine Affinität zu dem „schlimmen Ereignis“, sonst könnte es sich nicht ereignen. In diesem Bewußtsein wirst du deine Energie nicht mehr damit verschwenden, Gott, das Schicksal oder Menschen anzuklagen, die dich hintergangen, betrogen, ausgenutzt oder beschädigt haben, einfach weil du weißt: Ohne meine Affinität zu diesem Ereignis hätte es mir nie widerfahren können. Für jeden Schaden, der mir zugefügt wurde, ist meine Affinität verantwortlich.

Das bedeutet jedoch nicht, daß du einen Dieb nicht anzeigen oder dich einem gewalttätigen Menschen gegenüber nicht zur Wehr setzen solltest. Im Gegenteil: Laß niemals zu, daß dich deine Einsicht in die Ursache negativer Ereignisse zu einer fatalistischen Geisteshaltung verführt. Ja, zweifellos, ohne deine Affinität hätte sich das, was du als leidvoll bewertest, überhaupt nicht ereignen können. Die Ursache dafür liegt in jedem Fall, selbst wenn es dir nicht bewußt ist, in deinem inneren Wesen begründet. Doch wenn du daraus schließt, kampflos zusehen zu müssen, wenn man dir (auf welche Weise auch immer) weh tut, wird eben diese Geisteshaltung zur Ursache dafür, daß sich solche Ereignisse wiederholen können. Denn mit deinem kampflosen Verhalten sendest du Schwingungen aus, die der Kosmos als Akzeptanz des Schadens bewertet, der dir geschah.

Wir sollten ganz im Gegenteil kämpfen, aber in Liebe. Und das bedeutet: Wir kämpfen nicht GEGEN das Unrecht, sondern FÜR unser Geburtsrecht auf ein harmonisches Leben.

Alles, was dir im Außen passiert, spiegelt deine Affinität. Alles, was man dir antut, ist in dir selbst begründet. Solange du das nicht einsiehst und akzeptierst, kommst du nicht an die Aspekte heran, die deiner Liebe am meisten bedürfen.

Man beleidigt dich? Man verläßt dich? Man enttäuscht dich? Man verachtet dich? Man redet übel über dich? Man nimmt dir etwas weg? Man übersieht dich? Man übergeht dich? Man übervorteilt dich? Man läßt dich einfach stehen? Man rempelt dich an? Man macht dir Vorwürfe? Man behandelt dich ungerecht? Man versagt dir Erfolg? Man liebt dich nicht genügend?

Weder du noch der andere ist schuld! Vergiß

das Schuldkonzept. Es ist eine Falle, die deine Lage extrem verschlechtert! Sowohl Selbstvorwürfe als auch Anschuldigungen anderen Menschen gegenüber werden dich noch stärker an deine Affinität ketten! So durchbrichst du den Teufelskreis nie! Sag dir vielmehr: „Alles, was ich erlebe, ist ein Spiegel meines eigenen Geistes. Es sind Lektionen, um mich zu erkennen und meine objektgebundene Liebe durch die Liebe zur Liebe ohne Objekt zu ersetzen.“ Erst wenn du bereit bist, diese Lektion zu lernen, wird sich deine Erlebniswelt so verändern, wie du es dir wünschst.[6]

Vor einiger Zeit kam ein Freund auf mich zu und erzählte mir, er sei von seiner langjährigen Freundin betrogen worden. Daraufhin habe er die Beziehung sofort beendet. Denn wenn man bei ihm eine bestimmte Grenze überschreite, könne er nicht anders handeln. Es sei aus und vorbei, obgleich seine Freundin zu ihm zurückkehren wolle.

Könnten die beiden „ihr Erleben im Außen“ als Spiegel einer Affinität in ihrem Inneren erkennen, würden sie sich nach einer verständlichen Phase

6 Veränderung der Erlebniswelt bedeutet: die Art und Weise, WIE du die Welt erlebst. Zwar können und werden sich auch äußere Umstände ändern, doch nicht auf eine exakt vorhersehbare Weise.

verwirrter Gefühle nicht selbst oder gegenseitig Vorwürfe machen. Statt dessen würden sie sich in ihrer jeweiligen Affinität zum „Betrügen“ und „Betrogenwerden“ zu lieben beginnen. Und was würde dann im Spiegel der Außenwelt erscheinen? Natürlich müßte anstelle von Selbstvorwürfen und Haß Liebe erscheinen. Solange sie jedoch das Erleben im Außen nach den gesellschaftlich gängigen Maßstäben beurteilen, besteht nicht die geringste Chance zur Veränderung ihrer Erlebniswelt. Und so werden sie dieses Verhaltensmuster – ausgelöst durch ihre eigene Affinität – immer und immer wieder erleben, so lange, bis es durch Liebe aufgelöst wird.

So schwierig es dir zunächst erscheinen mag, die Außenwelt als Spiegelbild deines Geistes zu erkennen, so hilfreich ist diese Perspektive gleichzeitig, um deinen Geist transformieren zu können und deine Erlebniswelt Schritt für Schritt deinen Wünschen gemäß zu erleben. In dem Kapitel „Der effizienteste Umgang mit Gegnern“ wirst du weitere Tips finden, die dir helfen, negative Ereignisse in der Außenwelt als Ergebnis deiner Affinität zu erkennen und das Spiegelbild deiner Erlebniswelt positiv zu verändern.

Die AGAPE-Erfolgsstrategien

Liebe sichert dein Überleben am effektivsten

Zunächst geht es in unserem Leben ums nackte Überleben. Wenn du dich aber ständig um die Grundlage deiner Existenz kümmerst, wirst du soviel Zeit und Kraft dafür aufwenden müssen, daß all deine anderen Bedürfnisse viel zu kurz kommen.

Daher lautet eine der wichtigsten Fragen im Leben: Wie sichert man seine existentiellen Bedürfnisse am effektivsten? Eines steht fest: Auf keinen Fall dadurch, daß man sich auf sie konzentriert.

Alles, worauf wir uns konzentrieren, absorbiert unsere Energie. Das bedeutet: Unsere Kapazität ist zu einem Großteil darin gebunden. In bezug auf die Existenzsicherung bedeutet das: Der größte Teil deines Denken und Handeln wird mit dem Ziel der Existenzsicherung beschäftigt sein. Und wenn es auch nur ein wenig ins Wanken gerät, wird zu allem Unglück auch noch Sorge und Angst hinzukommen.

Diese Form der Existenzsicherung ist leider für viele Menschen die Norm in ihrem alltäglichen Leben. Sie haben sich schon so sehr daran gewöhnt, daß ihnen Zeitgenossen, die von dieser Norm abweichen und sich anders verhalten, suspekt sind. Das gilt übrigens nicht nur für Menschen, die schon länger arbeitslos sind und von der Sozialhilfe leben. Auch einige Millionäre kommen aus dem Streß der Existenzsicherung nicht mehr heraus. Erst kürzlich erzählte mir ein sehr wohlhabender Mann, der sich aufgrund seines Vermögens schon längst hätte zur Ruhe setzen können, sein größtes Problem sei eine innere Anspannung, aus der er sich auch dann nicht befreien könne, wenn er sich sage, er habe nichts zu befürchten.

Sicherheit ist ein starkes Bedürfnis in uns. Doch wer sie zum Zentrum seiner Überlegungen macht, wird unsicherer leben als jemand, der sich auf kalkulierbare Risiken einläßt. Wenn du es wagst, von der Vorstellung abzuweichen, man könne seine „Brötchen" eben nur „sauer" verdienen, wirst du deine existentiellen Bedürfnisse weitaus effektiver absichern als durch die volle Konzentration auf dieselben.

Wie sichert man seine Existenz nun am besten und effektivsten? **Indem man das tut, was man MIT LIEBE und Leidenschaft tut**. Das bedeutet nicht: Kündige deinen ungeliebten Job und geh voll auf Risiko! Dieses unkalkulierbare

Risiko gehen nur Traumtänzer oder unverbesserliche Abenteurer ein. Und solltest du gerade arbeitslos sein, bedeutet es auch nicht: Nimm nur dann einen Job an, wenn er deinen Vorstellungen hundertprozentig entspricht. Nein, es bedeutet vielmehr: Konzentriere dein Sinnen und Trachten von jetzt an auf die Tätigkeit, die du liebst. Du wirst sie nicht immer sofort ausführen können. Aber die Chance ist groß, daß der Tag kommen wird, an dem du morgens aufstehst und entdeckst, daß dein Traum Wirklichkeit wurde.

Wer sich aufs Geldverdienen konzentriert, kommt selten auf einen grünen Zweig. Es sei denn, das Geldverdienen an sich wäre seine große Leidenschaft. Dann wird er sicherlich Mittel und Wege finden, um sich einen ordentlichen Batzen davon zu holen. Es gibt schließlich genug Geld auf der Welt. Denke nicht, viel Geld zu besitzen sei nur etwas für Söhne und Töchter reicher Eltern oder für Glückskinder. Es gibt viele Beispiele dafür, daß selbst Menschen, die in ärmlichsten Verhältnissen aufwuchsen, zu Millionären, ja sogar zu Milliardären wurden. Aber schau dir ihre Biographien an. Wie sind sie zu ihrem Reichtum gekommen? Fast immer haben sie das gängige gesellschaftliche Muster durchbrochen. Sie taten das, was sie taten, mit Liebe und Leidenschaft. Sie investierten ihre Energie in Projekte, die ihnen innere Befriedigung verschafften. Die Existenzsicherung stand nicht im Vordergrund ihrer Überlegungen.

Wie die meisten Menschen wissen, begann das heute weltumspannende Imperium Microsoft in einer kleinen Garage. Doch Bill Gates konzentrierte seine Energie nicht auf die schwierigen äußeren Umstände. Seine große **Leidenschaft** galt schon in der Schule der Mathematik und der Wirtschaft. Und er hatte eine Vision: Der Computer gehörte seiner Ansicht nach auf jeden Schreibtisch und würde in jeder Wohnung ein wertvolles Hilfsmittel sein. Das war, auch wenn es ihm vielleicht nicht bewußt war, ein sehr liebevoller Gedanke! Nach seinem Schulabschluß im Jahr 1973, dem sich ein kurzes Studium an der Harvard Universität anschloß, dauerte es 17 Jahre, bis das erfolgreiche Microsoft-Programm *Windows* im Jahr 1990 erschien. Und danach dauerte es noch einmal neun Jahre, bis die Aktie der Microsoft Inc. erstmals in den US-amerikanischen Aktien-Index *Dow Jones* der 30 bedeutendsten Unternehmen der Vereinigten Staaten aufgenommen wurde.

Tu das, wofür dein Herz schlägt! Laß dich nicht von gesellschaftlichen, ethischen oder religiösen

Grundsätzen leiten, sondern von deinem Herz. Wenn du Business liebst, dann geh ins Business und richte all deine Kraft darauf. Wenn du künstlerische Fähigkeiten hast, gib dein Bestes, um dich darin zu verwirklichen. Und wenn du es liebst, Brot zu backen oder Pflanzen zu ziehen, dann tu alles, um darin Meisterschaft zu erlangen. Du kannst nur darin ein Meister werden, woran du Spaß hast! Das mag mit harter Arbeit und hohem Zeitaufwand verbunden sein, aber selbst das macht Freude, wenn du es mit Leidenschaft tust.

Ich lernte auf der Insel Samui in Thailand einen einheimischen Optiker kennen, der mir sagte: „Was mich motiviert, ist der Wunsch, meinen Kunden beste Qualität zu bieten." Ein so umfassendes, professionelles Equipment zur Feststellung der Sehstärke wie in seinem Geschäft ist mir im hochtechnisierten Deutschland noch nie begegnet. Es war schon halb zehn Uhr abends, als mir der Meister die Brille persönlich anpaßte, weil ich abreisen mußte und daher keine Zeit hatte, am nächsten Morgen zu kommen. Dieser Mann hatte ein beinahe erotisches Verhältnis zu Brillen. Schon die Art und Weise, wie er sie in die Hand nahm und die Bügel zurechtbog, bewies mir, wie sehr er seine Arbeit liebte. Kein Wunder, daß sein Geschäft florierte.

Es kommt wirklich nicht in erster Linie darauf an, WAS du tust, sondern WIE du es tust. Nicht jeder wird so erfolgreich wie Bill Gates. Aber die Absicherung deiner Existenz wird kein grundlegendes Problem mehr darstellen, wenn du deine Arbeit oder dein Projekt liebst. Je leidenschaftlicher du eine Tätigkeit ausführst, desto weniger mußt du dich um die Sicherung deiner Existenz kümmern. Denn das, worin du gut bist, wird die Gesellschaft honorieren. Die ersten Jahre können durchaus hart sein, möglicherweise erlebst du sogar Rückschläge, doch wenn du diesem Prinzip treu bleibst, wirst du irgendwann die Früchte ernten. Vielleicht wirst du nicht so reich wie Bill Gates, aber du wirst dein Auskommen haben und dir viele deiner Wünsche erfüllen können. Und das Allerwichtigste dabei: Deine Arbeit wird dich erfüllen! Denk nur mal daran, daß du bei einer 40-Stunden-Woche etwa ein Viertel deiner Zeit – Schlafen mitgerechnet – mit deiner Arbeit beschäftigt bist. Welch eine Verschwendung, wenn sie dir keinen Spaß bringt! Doch wiederum sei mir der Hinweis erlaubt, daß nicht das WAS, sondern das WIE den Spaß bringt.

Mihaly Csikszentmihalyi berichtet in seinem Buch *Flow – Das Geheimnis des Glücks* von dem Schweißer Joe, der mehrere Beförderungen mit der Begründung ablehnte, er sei gern ein einfacher Schweißer und fühle sich unwohl, wenn er jemandes Vorgesetzter sein solle. Dieser Mann, der nach 30 Jahren als Schweißer mit 60 kurz vor der Pensionierung stand, hatte noch immer jeden Tag Spaß an seiner Arbeit. Sein Leben lang war es seine Leidenschaft gewesen, Dinge, die nicht funktionierten, wieder in Ordnung zu bringen. Als Kind war es der Toaster im Haushalt der Eltern gewesen, später dann jede Maschine in der Fabrik, in der er arbeitete. Dadurch wurde er zu einem unverzichtbaren Mitarbeiter in seiner Firma, vor dem man Hochachtung hatte.

Wähle deine Tätigkeit oder dein Projekt also immer nach dem Maßstab: Wofür schlägt mein Herz? Denn so wirst du zwei Fliegen mit einer Klappe schlagen: Deine Existenz ist gesichert, UND du wirst glücklich sein.

Möglicherweise entdeckst du später, wenn du genügend Geld oder Ruhm hast, andere Leidenschaften in dir. Karl-Heinz Böhm beispielsweise fand seine wahre Berufung erst, nachdem er als Schauspieler, insbesondere in dem Film *Sissi*, Karriere gemacht hatte. Was mich selbst angeht: Ich arbeitete viele Jahre begeistert als Verkäufer und Verkaufsleiter, ehe ich mit derselben Leidenschaft selbständiger Persönlichkeitstrainer und Sachbuchautor wurde. Das Erfolgsprinzip ist: Tu immer das, wofür dein Herz brennt. Manchmal kannst du es nicht gleich tun. Dann träume erst einmal davon und gehe den Weg der kleinen Schritte.

Ich gehöre nicht zu den Propheten des positiven Denkens, die den Leuten versprechen: „Wenn dein Glaube nur stark genug ist, kannst du **alles** erreichen!" Glaube ist zweifellos eine enorme Kraft, ohne die niemand auskommt, der etwas erreichen will. Glaube kann aber unmöglich Ziele verwirklichen, die außerhalb jeder realistischen Einschätzung liegen. So kann sich beispielsweise der Wunsch, ein bekannter Schauspieler oder Sänger zu werden, nicht realisieren, wenn du kein Talent zum Schauspielen oder eine Piepsstimme hast. Es sei denn, du hast wie etwa Daniel Küblböck andere Talente, die das Publikum über deine Unfähigkeit, die richtigen Töne zu treffen, hinwegsehen lassen. Dann könnte es dir wie ihm gelingen, in diesem Bereich Karriere zu machen.

Dein Wunsch ist nie falsch, aber manchmal ist uns das wahre Motiv, das sich hinter dem Wunsch verbirgt, nicht bewußt. Nehmen wir doch einmal an, du würdest gern ein bekannter Sänger werden. Könnte es nicht sein, daß dein Motiv ein ganz anderes ist? Vielleicht möchtest du ganz einfach gern von den Massen bejubelt werden. Und welches Motiv steht dahinter? Vielleicht einfach der Wunsch nach Anerkennung, die dir bisher verwehrt wird. Ich empfehle dir: **Laß dir von niemandem die Flügel stutzen, aber fliege nicht zu hoch!** Vielleicht erfüllt sich dein Wunsch nach Anerkennung einfach dadurch, daß du deinen „langweiligen" Job im Büro einmal mit anderen Augen betrachtest und deine Aufgaben mit Leidenschaft ausführst. Dein Chef und deine Kollegen werden begeistert sein, und dann wirst du auch anerkannt und geschätzt werden.

Ich kenne Leute, die spätestens mit 50 Jahren nur noch Dienst nach Vorschrift machen. Ihre Devise: „Die da oben können mich mal! Wenn sie mir tatsächlich kündigen wollen, sollen sie es doch tun! Finanziell bin ich eh abgesichert." Diese Menschen wissen nicht, daß sie sich mit dieser Einstellung ins eigene Fleisch schneiden. Eine große Firma wird den Schaden verkraften, aber die Angestellten, die nur noch Dienst nach Vorschrift machen, werden ein zutiefst langweiliges, unerfülltes Leben führen. Wie Roboter werden sie an ihren Arbeitsplatz marschieren und mechanisch ihre Arbeiten verrichten. Immer wenn ich solche Leute beobachte, kommt es mir vor, als hingen sie in einer „Spielschleife" fest! Jeden Tag spielt sich mit winzigen Nuancen dasselbe ab. Dieselben Orte, dieselben Wege, dieselben Menschen, dieselbe Kommunikation, dieselben Handlungen, derselbe sehnsüchtige Blick zur Uhr, um endlich Feierabend machen zu können.

Was ist das für ein Leben! Kann man das überhaupt Leben nennen? Wer lediglich seinen Job macht und nur tut, was unbedingt notwendig ist, anstatt mit Liebe und Leidenschaft zu arbeiten, lebt nicht nur emotional auf Sparflamme, sondern auch ziemlich gefährlich. Dein Organismus braucht nicht nur Entspannung, sondern ebenso auch die Anspannung.

Eine Rostocker Arbeitsgruppe vom DFZA (Deutsches Forschungszentrum für Altersforschung) ging der Frage nach, inwiefern geistige Leistungsfähigkeit und Sterberisiko zusammenhängen. Dr. Christoph Rott interessierte dabei, ob und wie die Konzentration auf gesellschaftliche bzw. häusliche Bereiche die Lebensdauer beeinflußt. Grundlage dieser Untersuchungen waren ausführliche Befragungen von über 60-Jährigen über einen Zeitraum von mehreren Jahren. Das Ergebnis: Vielseitig interessierte und geistig rege Menschen leben länger! Speziell Frauen, so das Resultat einer Untersuchung, lebten länger, wenn sie großes Interesse an gesellschaftlichen Ereignissen hatten. Weiter wurde festgestellt, daß produktive Tätigkeiten förderlich für die Lebensdauer waren, während Selbstpflegeaktivitäten und ausgedehnte Ruhepausen eher das Gegenteil bewirkten.

Es ist nicht immer möglich, sofort in seinem Traumjob zu arbeiten. Doch während du noch von ihm träumst, solltest du nicht die Chance verpassen, dich im „Flow" zu erleben. Flow heißt praktisch, mit deiner Tätigkeit so zu verschmelzen, daß sie sich sozusagen von selbst tut.

Ich habe den Begriff „Flow" aus dem weiter oben erwähnten Buch *Flow – Das Geheimnis des Glücks* übernommen. An einigen Beispielen schildert der Autor den Flow-Zustand:

Eine Tänzerin beschreibt, wie sie sich fühlt, wenn ihre Vorstellung gut läuft: „Deine Konzentration ist vollständig. Deine Gedanken wandern nicht herum. Du denkst an nichts anderes: Du bist total in deinem Tun absorbiert. ... Deine Energie fließt sehr leicht. Du fühlst dich entspannt, angenehm und energievoll."

Ein Bergsteiger erklärt, was er erlebt, wenn er eine Felswand hochklettert. „Man ist dermaßen in der Tätigkeit *drinnen*, daß einem kein von der Tätigkeit unabhängiges Ich in den Sinn kommt. ... Man sieht sich selbst nicht getrennt von dem, was man tut."

Eine Mutter, die das Zusammensein mit ihrer kleinen Tochter genießt, sagt: „Lesen gehört zu ihren Lieblingsbeschäftigungen, und wir lesen oft zusammen. Sie liest mir vor, und ich lese ihr vor, und dann verliere ich den Kontakt mit dem Rest der Welt. Ich bin völlig in das vertieft, was ich tue.“

Ein Schachspieler schildert sein Erleben bei einem Turnier: „... die Konzentration ist wie das Atmen – man denkt nie daran. Das Dach könnte einstürzen, und man würde es – falls es einen nicht direkt trifft – nicht bemerken.“

Jeder von uns kennt den Flow-Zustand. Er kann sich bei jeder Tätigkeit ereignen. Selbst beim Unkrautjäten, beim Aufräumen deines Büros oder beim Fensterputzen. Natürlich kommen wir am schnellsten und effektivsten bei solchen Tätigkeiten in den Flow, die uns Spaß und Freude bereiten. Aber das ist keine Bedingung. Sobald du in einer Tätigkeit drin bist, so drin bist, daß du dir als Handelnder deines Handelns nicht mehr bewußt bist und alles einfach geschieht, bist du im Flow.

„Im Flow sein“ ist dein zutiefst natürlicher Zustand, „Liebe in Aktion“ sozusagen. Der Wahrnehmende und seine Wahrnehmung werden nicht als voneinander getrennt wahrgenommen. Das heißt: Du bist dir nicht mehr dessen bewußt, daß du das Fenster putzt: Hier ich und dort das Fenster. Im Flow bist du kein Fensterputzer, sondern du wirst sozusagen DAS Fensterputzen. Es ist ein Geschehen, in dem der Handelnde und seine Handlung eins werden. Besser noch: Der Handelnde ist sich seines Selbst nicht mehr bewußt. Was existiert, ist nur noch das Handeln an sich.

Dieses Prinzip gilt für alle Tätigkeiten in unserem alltäglichen Leben. Es spielt dabei überhaupt keine Rolle, ob du als Vorstandsvorsitzender 20.000 Mitarbeiter führst und Entscheidungen von globaler Bedeutung triffst oder als Hausfrau und Mutter drei kleine Kinder erziehst und versorgst und den ganzen Haushalt in Ordnung hältst.

Flow kannst du sogar erfahren, wenn du deinen Schreibtisch aufräumst. Du mußt nur ganz und gar in dem „drin" sein, was du gerade tust. Höre nicht auf den Gedanken, der dir einreden will, das, was du gerade tust, könne auch jeder andere tun und sei daher sinnlos. Nichts ist sinnlos, wenn du dich im Flow erlebst. Jeder von uns hat schon einmal erlebt, daß eine an sich nicht sonderlich anspruchsvolle Arbeit glücklich machen kann. Es ist immer nur deine Bewertung, die dich unglücklich macht. Wenn du in der Lage bist, alles mit Leidenschaft zu tun, kannst du selbst beim Putzen oder Unkrautjäten glücklich sein.

Manch einem mag es ein Leben lang nicht gelingen, seine Leidenschaft zum Beruf zu machen. Ihm ist das Risiko eines Berufs- oder Betriebswechsels oder der Weg in die Selbständigkeit einfach zu hoch. Ihm empfehle ich: Lebe deine Leidenschaft zumindest in deiner Freizeit aus, denn das, was dich glücklich macht, gibt dir Kraft für den Beruf, der deine Existenz sichert. Außerdem wirst du als Rentner nicht zu den Leuten gehören, die in ein schwarzes Loch fallen, wenn sie aus einem lebenslang währenden Arbeitsprozeß entlassen werden. Denn dann kannst du endlich das mit ganzer Leidenschaft tun, was dir viele Jahre zuvor nur in deiner beschränkten Freizeit vergönnt war. Und so hast du jetzt vielleicht sogar noch ein paar Jahrzehnte vor dir, die du nicht nur mit Entenfüttern im Park, vor der Glotze und mit dem Lesen der Todesanzeigen deiner Bekannten und Freunde verbringen mußt. Deine Leidenschaft – sei es Musik, Malerei, Schriftstellerei, handwerkliche Kunst, Sozialarbeit, was auch immer – wird deinen Geist wachhalten und deine körperliche Spannkraft womöglich bis ins hohe Alter erhalten. Denke immer daran: Liebe und Leidenschaft in dem, was du tust, sichert dein Überleben am effektivsten.

Der effizienteste Umgang mit Gegnern

„Ich aber sage euch: Liebet eure Feinde; segnet, die euch fluchen; tut wohl denen, die euch hassen; bittet für die, so euch beleidigen und verfolgen." (Matth. 5:44)

Wer diese bekannten Sätze des Nazareners als ethischen Maßstab christlichen Handelns versteht, den es zu erfüllen gilt, der wird scheitern. Das ist so sicher wie das Amen in der Kirche. Der Grund: Jedes Lebewesen auf dieser Erde ist auf das eigene Überleben programmiert. Wenn du einen Feind oder Gegner haßt, der dich nicht respektiert, dich haßt, beleidigt oder gar verfolgt, wirst du aufgrund dieser existentiell notwendigen Programmierung alles tun, um dich vor ihm zu schützen oder ihn auszuschalten. Jede andere Handlungsweise wäre wider deine Natur und würde dich, wenn du ihr zu folgen versuchtest, lediglich zum Verlierer machen, egal wie heilig du dir oder anderen erscheinst.

Daher glaube ich nicht, daß Jesus Feindesliebe als ethischen Maßstab lehrte. Er wollte uns vielmehr eine neue, wesentlich effizientere Methode der Selbstverteidigung beibringen, um uns gegen unsere Feinde oder Gegner erfolgreich zu schützen bzw. zu wehren.

Äußere Gegner oder Feinde tauchen nicht aus heiterem Himmel auf, vielmehr ziehen wir sie durch unsere eigene Affinität an. Sie können sich im Außen nur zeigen, wenn sie im Inneren schon vorhanden sind. In deinen äußeren Gegnern begegnet dir also in Wahrheit ein innerer Feind, ein Aspekt deines Wesens, der in deiner Seele noch nicht versöhnt ist, der in dir selbst gegen andere Seelenaspekte kämpft. Wenn daher ein Feind in der Außenwelt erscheint, manifestiert sich lediglich ein Seelenaspekt, mit dem meistens schon seit längerer Zeit oder gar in einigen früheren Leben ein Konflikt bestand.

Völker, die Krieg erfahren, sind eine Zusammenballung von Seelen, die allesamt im Inneren unversöhnt sind. Daher kann Krieg niemals durch Waffengewalt gewonnen werden. Sie mag im Verteidigungsfall notwendig sein, um das physische Dasein zu erhalten, aber sie ist nicht die letztendliche Lösung.

Gleichgültig also, ob Feinde kollektiv oder individuell auftreten, die Lösung ist immer nur im Inneren zu finden. Du mußt deinen Feind im Inneren besiegen, um ihn in der Außenwelt loszuwerden. Doch das gelingt nur, wenn du andere Schwingungen erzeugst. Bleibst du in deiner Schwingung auf der Ebene der Ablehnung oder der Angst, wird dein Erlebniskosmos deinen Erzfeind nur noch mächtiger machen oder dir immer neue und schlimmere Feinde senden, und zwar einfach deshalb, weil er nicht auf deine Wünsche, sondern lediglich auf deine Schwingung zu reagieren vermag: Ablehnung innen erzeugt Umstände außen, die dir als Feindschaft erscheinen. Angst innen erzeugt Umstände außen, die dich ängstigen.

Die einzig erfolgreiche Strategie, um feindlich gesinnte Kräfte im Außen loszuwerden, besteht daher darin, sie zu lieben. Das heißt, du läßt dich von ihnen nicht beleidigen, fürchtest dich nicht, ihnen entgegenzutreten, sondern tust ihnen vielmehr Gutes. **Nicht, weil du sie liebst, sondern weil du erkannt hast, daß dich die Liebe von der Affinität zu ihnen befreit.**

Siehst du daher in deinen äußeren Feinden störende Faktoren und bezeichnest sie als Ignoranten, Idioten, Egoisten, Drecksäcke, Primitivlinge, Halsabschneider und was es sonst noch an liebenswürdigen Bezeichnungen gibt, verpaßt du die Chance, dich mit dir selbst zu versöhnen und Schwingungen zu erzeugen, die in Zukunft für bessere Lebensumstände sorgen werden. Verstehe mich bitte nicht falsch: Es mag sehr wohl sein, daß die Menschen, die dir feindlich gesinnt sind, tatsächlich Mieslinge sind, es bringt dich jedoch kein Stück weiter, wenn du in dieser Perspektive und in dieser niedrigen Schwingung verharrst.

Schwing dich auf eine höhere Ebene, indem du die Spiegelperspektive einnimmst. Ja, man hat dich enttäuscht, mißverstanden, mißachtet, beleidigt, beschädigt, und das war womöglich sogar pures Unrecht, doch du, du siehst in all dem, was dir im Außen begegnet, den Spiegel deiner eigenen Seele und erkennst daher: NUR wenn ich meinen Feind liebe, anstatt ihn zu hassen, nur wenn ich ihn segne, anstatt ihm zu fluchen, **versöhne ich mich mit dem Feind in mir selbst** und erzeuge darüber hinaus eine Schwingung, die der Kosmos mit Geschenken der Liebe belohnt.

Ich ließ mich vor vielen Jahren von einer Betrügerin, die sich als „gute Bekannte" verkleidet hatte, beschwatzen, eine völlig überteuerte Immobilie zu kaufen, die ihr eine Superprovision, mir jedoch nur finanzielle Verluste einbrachte. Viele Jahre war ich blind dafür, daß mir diese Situation die Chance bot, eine Affinität aufzulösen. Wann immer ich an meine Bekannte dachte, verfluchte ich sie und wünschte sie dahin, wo der

Pfeffer wächst, denn durch diesen betrügerischen Deal befand ich mich wie eine Maus in der Falle.

Bis heute ist mir die Ursache meiner Affinität nicht bewußt geworden. Aber das ist auch nicht wichtig, denn ich weiß jetzt, daß mir die Situation entscheidend dabei geholfen hat, einen inneren Feind zu erkennen. Es ist unser aller Erzfeind – die Angst! Damit kein falscher Zungenschlag entsteht: Nichts spricht gegen Steuersparmodelle oder Risikovorsorge fürs Alter. Angst jedoch ist dabei der denkbar schlechteste Ratgeber, doch genau der war es, auf den ich mich damals einließ.

Warum taucht heute nicht einmal mehr ein einziger feindseliger Gedanke gegen die Betrügerin in mir auf? Weil ich mir dessen gewiß bin, daß es ihr ohne meine Affinität zur Angst niemals gelungen wäre, mich zum übereilten Kauf der verlustbringenden Immobilie zu überreden. Der Kosmos benutzte sie vielmehr, um mir einen inneren Erzfeind zu spiegeln. Ich würde gehörig übertreiben, würde ich behaupten, ich wäre ihr dafür dankbar, aber meine vorwurfsvolle Haltung ihr gegenüber sowie meine Selbstanklagen gehören vollkommen der Vergangenheit an.

Nun willst du sicher wissen, ob die Auflösung

meiner Affinität auch mein finanzielles Problem gelöst hat! Nun, ich gewann nicht etwa im Lotto, fand keinen reichen Gönner und wurde auch nicht von einer unvorhergesehenen Erbschaft überrascht, aber das Ende des verlustreichen Geschäfts ist nun abzusehen. Schon wenige Wochen nach meiner inneren Wandlung wurde ich also auch mit einem äußeren Wandel der Lage beschenkt. Man muß sich das einmal vorstellen: Über zehn Jahre lang kämpfte ich erfolglos mit einem Problem, das lediglich der Auflösung einer Affinität bedurfte!

Daher sage ich: Liebe ist im Kontext des Umgangs mit Feinden eine hervorragende Waffe und kein religiöses Gebot. Liebe ist im Umgang mit Feinden der effizienteste Weg, um sie sich vom Hals zu schaffen. Liebe ist gleichzeitig der beste und effektivste Weg, um sich von den Konsequenzen ihrer schädigenden Taten zu regenerieren – sowohl, was unsere emotionale Befindlichkeit als auch, was die äußeren Umstände betrifft.

Nun magst du sagen: „Ich erkenne, das stimmt, aber ich kann's nicht. Es ist mir einfach unmöglich, meine Feinde zu lieben. Ich würde zum Heuchler." Mir geht's genauso wie dir. Und ich denke, jeder aufrichtige Mensch wird bekennen müssen, daß es ihm nur in den seltensten Fällen möglich ist, seine Feinde zu lieben.

Die Lösung: Unterscheide zwischen dem **realen Feind** und dem **Spiegelfeind**. Der reale Feind oder Gegner ist ein Mensch aus Fleisch und Blut. Der Spiegelfeind ist die Projektion deiner eigenen Seele. Sobald du nun in deinem realen Feind deinen Spiegelfeind siehst, den es in dir zu versöhnen gilt, wirst du kein Problem mit der Liebe haben, weil dir ja bewußt ist, daß er nur deshalb erscheinen konnte, weil du eine Affinität zu ihm hast. Mit anderen Worten: Weil du in deinem realen Feind die **Chance** erblickst, den Feind in deiner eigenen Seele zu versöhnen, verwandelt sich dein Haß, deine Angst oder Traurigkeit automatisch in Liebe.

Insbesondere dann, wenn wir unserem „realen" Feind persönlich begegnen und unter seinen Angriffen oder Verleumdungen zu leiden haben, stellt es sich häufig als äußerst schwierig dar, die erhabene Sicht des Spiegelfeindes zu bewahren. Es ist damit ähnlich wie ein Angriff in einem Alptraum. Zwar träumst du nur, und der Angreifer ist nicht real, doch das ist dir im Traum nicht bewußt. Daher läßt es sich nicht vermeiden, daß negative Emotionen aufsteigen, wenn wir ihm begegnen.

Spätestens hinterher jedoch solltest du wieder zu deiner Erkenntnis zurückkehren. Nimm den Zorn in dir zum Anlaß, deine eigene Affinität aufzulösen. **Denn da sitzt dein wahrer Feind.** Er ist es, der die äußeren Feinde auf den Plan ruft, damit du im Spiegel der Außenwelt deinen inneren Feind wahrnehmen kannst. Dieser Zorn, diese Abneigung, ist nichts anderes als ein Teil deines eigenen Wesens. Und indem dir das klar wird, immer wieder klar wird, wird die Energie, aus der sich dein Haß speist, versiegen. Und so wirst du deine Feinde im Inneren und im Äußeren über kurz oder lang tatsächlich loswerden.

Je früher du begreifst, daß du das, was du liebst oder nicht liebst, nur deswegen liebst oder nicht liebst, weil du dich SELBST LIEBST, desto weniger Enttäuschungen wirst du erleben. **Denn niemand liebt selbstlos**. Nicht einmal Albert Schweitzer oder Mutter Theresa, weder Jesus noch Buddha. Der Begriff „selbstlose Liebe" ist eine Idealisierung.

Warum lieben manche Menschen andere Menschen so sehr, daß sie ihr gesamtes Leben in deren Dienst stellen und manchmal sogar für sie sterben? Weil sie sich NUR auf diese Weise **selbst lieben** können. Würden sie wie die meisten anderen Menschen vor allem für ihre eigenen Bedürfnisse leben, wäre das für sie alles andere als Erfüllung im Leben.

Warum bleibt eine Frau bis an ihr Lebensende bei einem Mann, obwohl der sie mehr als einmal mit einer anderen betrügt? Warum trennt sich eine andere Frau von ihrem Mann, obwohl der sie überhaupt nicht betrügt, sondern treu wie ein Bernhardiner zu ihr steht? Beide Entscheidungen werden gefällt, weil sich der Mensch, der sie fällt, nur auf diese Weise selbst lieben kann.

Jeder Mensch hat andere Objekte der Liebe. Ein außerordentlich musischer Mensch wird sich bei handwerklichen Arbeiten wahrscheinlich niemals sonderlich wohl fühlen. Setze einen Menschen mit ausgeprägten handwerklichen Fähigkeiten ans Klavier. Warum fühlt er sich dabei nicht ebenso wohl wie der musische Mensch? Wir können nur das mit Liebe und Leidenschaft tun, was uns liegt, wofür wir geboren wurden. Mit anderen Worten: Wir können nur lieben, worin wir uns SELBST verwirklichen können.

Daher ist es Unsinn, von selbstloser Liebe zu sprechen. Nur weil ein Mensch sich für andere Menschen aufopfert, bedeutet das nicht, daß er sich selbst verleugnet. Im Gegenteil: **Er lebt sein Selbst aus**, weil er sich in seiner Haut unwohl fühlen würde, wenn er sich nicht für andere aufopfern könnte oder dürfte. Hättest du Mutter Theresa gefragt, ob sie nicht lieber wie Prinzessin Diana leben würde, hätte sie das mit Sicherheit verneint. Sich um die Ärmsten der Armen in Indien zu kümmern befriedigte ihr Selbst wie nichts anderes.

Nun könnte man natürlich mutmaßen, ein Selbst, das sich als selbstlos erweist, sei eben nicht mehr vorhanden. Es sei transzendiert und im Göttlichen aufgegangen. Ich halte diese These nicht nur für falsch, sondern auch für gefährlich. Ein Heiliger oder ein Guru hat uns in bezug auf die Selbstliebe überhaupt nichts voraus. Er fühlt sich lediglich insbesondere dann liebevoll, wenn er anderen helfen kann – bei ihren Lebens- und Existenzproblemen oder dabei, erleuchtet zu werden. Nimm ihm den Dienst an anderen weg und gib ihm statt dessen einen Spaten in die Hand, um täglich im Schweiße seines Angesichts Löcher zu graben, oder schick ihn in ein Büro, um ganz normalen Schreibkram zu erledigen, und du wirst erkennen, daß er ein Mensch ist wie du mit einem Ego wie du.

Natürlich gibt es auch Menschen, die zum inneren Frieden gefunden haben und es verstehen, sich in jeder Situation, also auch in mißlichen Lebenslagen, liebevoll oder glückselig zu fühlen. Doch ist das etwa ein Beweis dafür, daß sie das Ego aufgelöst haben? Mitnichten! Sie sind lediglich **weise** geworden und wissen daher, daß es nichts nützt, dem Übel zu widerstehen. Womöglich sind sie sogar die größeren Egoisten, weil ihnen ihre eigene Glückseligkeit mehr bedeutet, als sich beispielsweise aufgrund des Unglücks anderer Menschen von Sorgen zerfressen zu lassen.

Ich wiederhole daher meine anfängliche Behauptung: Je früher du begreifst, daß du das, was du liebst oder nicht liebst, nur deswegen liebst oder nicht liebst, weil du dich SELBST LIEBST, desto weniger Enttäuschungen wirst du erleben. Denn was ist die Ursache jeder Ent-täuschung? Die Täuschung, wir würden jemals etwas anderes als uns selbst lieben.

Wenn du dir das eingestehst, wirst du viele Ungereimtheiten in deinem und im Leben anderer verstehen. Warum wechselt ein Mensch, der seinen Beruf haßt, nicht seinen Arbeitgeber? Warum verdient er seinen Lebensunterhalt nicht mit einer Tätigkeit, die ihn befriedigt? Weshalb bleibt jemand bei seinem Partner, obwohl er keine Liebe mehr für ihn empfindet und im Grunde seines Herzens nicht mehr bei ihm oder gar bei einem anderen ist? Wieso verändern wir bestimmte Lebensumstände nicht, die uns keine Befriedigung mehr verschaffen? Natürlich kann es hierbei auch um finanzielle oder ethische Überlegungen gehen. Manchmal ist es auch Bequemlichkeit, die uns zurückhält. Doch welche vordergründigen Motive auch immer uns davon abhalten mögen, ungünstige Lebensverhältnisse zu verändern: Letztlich hält uns die Liebe zu uns selbst davon ab. Wie ungünstig eine Lebenssituation auch sein mag: Solange wir im Vergleich zu einer Veränderung in der gegenwärtigen Situation **weniger leiden als lieben**, belassen wir in der Regel alles beim alten.

Jeder Mensch ist anders veranlagt. Ein sozialer Mensch wird sich nicht über die Bedürfnisse anderer hinwegsetzen und sich daher nur lieben können, wenn er diese befriedigt. Ein egozentrischer Mensch hingegen wird sich nur dann lieben können, wenn die Befriedigung seiner eigenen Bedürfnisse im Mittelpunkt steht. Natürlich kann der soziale Mensch ein wenig egozentrischer werden und der egozentrische ein wenig sozialer. Unsere genetische Bedingtheit jedoch vermögen wir nicht zu ändern. Und das ist auch gut so, denn beide Aspekte erhalten die menschliche Gesellschaft in der Balance zwischen beiden Extremen.

Wenn dir das unbewußte Handlungsprinzip „Selbstliebe" erst einmal bewußt ist, hast du die beste Voraussetzung dafür geschaffen, deine Lebensumstände entweder radikal zu verändern oder dich so mit ihnen zu arrangieren, daß du nicht mehr unter ihnen leidest. Denn dann bist du von der Täuschung befreit, die andere Kriterien zum Maßstab deines Wohlgefühls macht – Pflicht beispielsweise, finanzielle Vorteile oder Nachteile, Bequemlichkeit, Ethik, Moral, was auch immer. Sei realistisch, gestehe es dir ein:

„Ich tue alles nur deshalb, weil ich mich liebe!" Denke nicht darum herum.

Nutzen wir ein praktisches Beispiel, um von dieser Erkenntnis ausgehend die weitere Vorgehensweise deutlich zu machen. Angenommen, jemand fühlt sich in seiner Arbeit nicht wohl. Er würde sich gern selbständig machen, ist aber bereits in einem Alter, in dem der Sprung in die Selbständigkeit ein hohes Risiko darstellt. Darüber hinaus besitzt er auch nicht die nötigen finanziellen Mittel dazu. Was nützt ihm nun die Erkenntnis, daß er alles, was er tut oder nicht tut, nur deswegen tut oder nicht tut, weil er sich über alles liebt? Er wird seine Entscheidung nicht in erster Linie nach vordergründigen Gesichtspunkten fällen. Er wird sich vielmehr fragen: „Wodurch wird der Fluß der Liebe in mir blockiert?" **Das und nur das** wird der Maßstab für seine Entscheidungen sein, denn ihm wäre klar, daß die von ihm ersehnte Selbständigkeit ja nur ein Mittel zum Zweck wäre. In ihr glaubt er, anders als als Angestellter, wirklich im Flow sein und seiner Selbstliebe Ausdruck verleihen zu können.

Warum ist er dann überhaupt noch in einem Angestelltenverhältnis? Warum ist ihm das Risiko der Selbständigkeit offenbar zu hoch, um sich seinen Wunsch zu erfüllen? Es gibt dafür natürlich auch nur einen Grund: Bisher fühlte er sich im Angestelltenverhältnis immer noch wohler, weil sicherer, als in der risikoreichen Selbständigkeit. Oder anders gesagt: Das damit verbundene potentielle Leiden schien ihm weniger schwer zu wiegen als das Risiko der Selbständigkeit. Sonst hätte er sich schon längst für die Selbständigkeit entschieden. Die Entscheidung dafür oder dagegen wird ihm nicht erspart bleiben, doch diese Erkenntnis wird ihm dabei helfen, seine Situation anders zu bewerten. Es könnte sein, daß er im Angestelltenverhältnis bleibt. Doch anders als vorher wird er dabei **nicht mehr leiden,** denn er wäre sich nun völlig im klaren darüber, daß er diese Entscheidung nur deshalb trifft, weil sich das Angestelltenverhältnis für ihn **besser anfühlt** als der risikoreiche Sprung in die Selbständigkeit. Er bleibt also nicht deshalb im Angestelltenverhältnis, weil ihm – wie bisher – „aus Gründen der Sicherheit nichts anderes übrigbleibt", sondern er tut es **für sich selbst**. Er entscheidet sich **aus eigener Initiative** gegen die Selbständigkeit. Äußerlich dieselbe Situation, innerlich jedoch ein vollkommen anderer Kontext im Denken, der ihn aus der Opferrolle befreit und ihn zum Regisseur seiner Lebensrealität macht. Das Ergebnis: Zufriedenheit statt des vorherigen Murrens und Leidens nach dem Motto: „Was bin ich doch für ein armes Schwein!“

Natürlich könnte er sich auch für die Selbständigkeit entscheiden. Er würde es jedoch nicht mehr tun, um selbständig zu werden. Er würde es tun, weil er zu wissen glaubt, sich nur als Selbständiger unblockiert im Flow erleben zu können. Und da ihm bewußt wäre, daß er alles nur um seiner selbst willen tut, würde es ihm das Risiko der Selbständigkeit wert sein, anstatt im Angestelltenverhältnis zu versauern.

Niemand kann ihm garantieren, ob er es schafft, ob er erfolgreich sein wird, doch das kann den, der begriffen hat, daß er alles, was er tut oder nicht tut, nur um seiner selbst willen tut, nicht daran hindern, den Weg zu gehen, von dem er glaubt, daß nur er ihn zufriedenstellen kann. Es gibt kaum eine größere Power auf Erden als diese Gewißheit! Und sie ist es auch, die uns erfolgreich macht. Was du nicht mit Liebe und Leidenschaft tun kannst, muß letztlich immer mißlingen.

Selbstliebe ist die Ursache all unseres Handelns, ob es uns bewußt ist oder nicht. Wem es bewußt wird, der wird aufhören zu leiden, weil er weiß, daß er nicht fremdbestimmt wird. Er ist sich dessen gewiß: „Wie auch immer ich handle, es geschieht aus Liebe zu mir selbst.“ Das ist zwar Selbstliebe TOTAL, doch es muß nicht bedeuten, daß wir uns nicht mehr um andere kümmern. Im Gegenteil: Es kann sehr wohl sein, daß sich unser Herz mehr als je zuvor für hilfsbedürftige Menschen weitet. Einfach weil wir erkennen, daß es „unser Ding“ ist, anderen Hilfe zur Selbsthilfe zu geben, daß wir uns also nur dann SELBST TOTAL im Flow fühlen, wenn wir anderen helfen. Es kann jedoch ebenso sein, daß wir aufgrund dieser Erkenntnis ein wenig egozentrischer werden und uns mehr um unsere eigenen Bedürfnisse kümmern, anstatt uns wie zuvor für andere aufzuopfern. Selbstliebe TOTAL ist daher das beste Regulativ, um im eigentlichen Sinne ethisch zu handeln. Selbstlosigkeit dagegen macht dich zur Marionette einer Ideologie, die das Leiden der Menschen intensiviert, anstatt es zu vermindern oder gar zu vermeiden.

Entscheidungsmanagement

Love it, leave it or change it

Du hast immer nur drei Möglichkeiten, um konstruktiv mit einer problematischen Situation umzugehen: Entweder du liebst sie, oder du kehrst ihr den Rücken zu, oder du veränderst sie. So eine bekannte und weise Empfehlung.

Ich meine aber, egal, welche Entscheidung du triffst: Zunächst solltest du die Entscheidung treffen, dich auch dann zu lieben, wenn du den Eindruck hast, eine Situation verlassen oder verändern zu müssen. Die Schwierigkeit selbst ist nie dein eigentliches Problem. Egal, wie unlösbar es dir erscheint, egal, wie stark es deine Gefühlslage möglicherweise beeinträchtigt, wirklich problematisch wird es immer erst dann, wenn du deinen Blick von der Liebe abwendest.

Ich habe längst damit aufgehört, negative Emotionen oder Lebenssituationen, die ich als schwierig empfinde, um jeden Preis verändern zu wollen oder gar zu verlassen. Nur in den wenigsten Fällen ist das wirklich die Lösung. Oftmals erlebte ich sogar, daß Situationen, die ich veränderte oder verließ, wenig später in anderer Form wieder auftauchten. Du schlägst der Hydra einen Kopf ab, und schon kurze Zeit später wachsen ihr sogar zwei Köpfe nach.

Keine Frage, manchmal läßt uns das Leben keine andere Wahl, als einen klaren Schlußstrich unter ein Kapitel unseres Lebens zu ziehen. Doch selbst wenn der Schlußstrich die einzige Alternative sein sollte, ist es weit vorteilhafter, wenn du dich, während du ihn ziehst, auf einem hohen Schwingungsniveau befindest. Denn auf hohem Schwingungsniveau wirst du wahrscheinlich andere Entscheidungen treffen als auf einer niedrigen Schwingungsebene.

Kürzlich bat mich ein Bekannter um Rat. Seine Frau, mit der er seit 15 Jahren verheiratet ist, hatte ihn vor einiger Zeit verlassen und war ohne Vorwarnung zu ihrem über zehn Jahre jüngeren Liebhaber gezogen. Er hatte noch nicht einmal von der Affäre seiner Frau gewußt, obgleich sie schon ein Jahr zuvor begonnen hatte. Er war nicht nur am Boden zerstört, sondern voller Haß, Groll und Bitterkeit.

„Willst du Trost oder aber einen Rat, der dir hilft?“ fragte ich ihn als erstes.

„Natürlich möchte ich deinen Rat“, sagte er, „was soll diese Frage? Trostreiche Worte habe ich in den letzten Wochen zur Genüge gehört.“

“Nun, ich frage dich das, weil ich mir ziemlich

sicher bin, daß dich mein Rat verblüffen, vielleicht sogar ärgern wird", erwiderte ich.

„Spuck's aus", entgegnete er, „egal was es ist".

„Kannst du dich noch daran erinnern, wie das begann mit euch beiden?"

„Natürlich kann ich das. Aber daran möchte ich jetzt wirklich nicht denken."

Er blickte zu Boden. Den Schmerz, der ihn bei der Erinnerung an diesen Zeitpunkt überkam, konnte ich förmlich spüren.

„Die Erinnerung wäre wichtig, solltest du meinen Rat noch immer hören wollen", sagte ich.

Er stöhnte. „Na gut. Und was soll ich jetzt tun?"

„Geh in dieses Gefühl rein. Was hast du empfunden, als du dich in deine Frau verliebt hast?"

„Was ich empfand? Du kannst vielleicht Fragen stellen! Was empfindet man denn, wenn man sich verliebt? Liebe natürlich. Es war Wahnsinn! Totaler Wahnsinn war das mit uns beiden! Und jetzt ...?" Er stockte.

„Geh doch mal in dieses Wahnsinnsgefühl rein", bat ich ihn, „richtig rein, ich meine, nicht nur gedanklich".

Er schüttelte den Kopf. „Das kann ich nicht, Werner, ich schaff das jetzt einfach nicht. Es tut einfach zu weh."

„Das versteh ich, mach's trotzdem!" Ich legte

ihm die Hand auf die Schulter. „Ich sag das ja nicht, um dich zu quälen."

Mein Bekannter ist keiner von denen, die nah am Wasser gebaut haben, aber jetzt sah ich Tränen in seinen Augen. Es fiel ihm schwer, die Fassung zu bewahren.

„Schließ deine Augen", bat ich ihn, „und denk noch mal an die Zeit, als du dich in sie verliebt hast. Und laß dabei auch den Schmerz zu."

Ich schwieg eine Weile, bis ich bemerkte, daß sich ein schwaches Lächeln auf seinen Lippen abzeichnete.

„Jetzt bist du drin in diesem Gefühl, oder täusche ich mich?"

Er nickte mit geschlossenen Augen. „Ja, jetzt fühl ich es wieder. Ein wenig zumindest."

„Erzähl mir, welche Szene vor deinem inneren Auge erscheint."

Und er erzählte. Zunächst stockend. Dann aber hörte er nicht mehr auf zu erzählen. Szene um Szene aus den herrlich verklärten Zeiten seines ersten Verliebtseins. Seine Gesichtszüge wurden dabei immer entspannter. Als ich ihn bat, seine Augen wieder zu öffnen, spiegelte sich in ihnen die Liebe, die er nach wie vor für seine Frau empfand. Doch es bedurfte nur weniger Sekunden, bis sich sein Blick wieder verdüsterte.

„Tja", sagte er resigniert, „das ist nun alles vorbei".

„Vielleicht", sagte ich, „aber selbst wenn es vorbei sein sollte – die Liebe, die du gerade eben in dir gespürt hast, genauso wie du sie damals in dir spürtest, sie ist nie vorbei".

Er sah mich so erstaunt an, als hätte ich mich in einen grünen Marsmenschen verwandelt.

„Liebe ist niemals vorbei", fuhr ich fort, „das hast du doch gerade erlebt. Du kannst sie zu jedem Zeitpunkt in dir selbst erzeugen. Denn dein innerstes Wesen ist Liebe und wird niemals etwas anderes als Liebe sein."

„Selbst wenn es so wäre", sagte er nach einer Weile – „von meiner Erinnerung kann ich nicht leben. Also, was nützt mir das Gefühl jetzt?"

„Liebe ist die stärkste Kraft im Universum. Und wenn es überhaupt etwas gibt, was deine Frau zu dir zurückbringen kann, dann ist es diese Kraft."

Er schüttelte den Kopf und lachte trocken. „Das kann ich mir nicht vorstellen!"

„Was meinst du, was passiert, wenn du sie weiter haßt und dem Gefühl der Bitterkeit Raum gibst?" fragte ich ihn. „Glaubst du ernsthaft, das wird sie zu dir zurückbringen?"

Er überlegte eine Weile und sagte dann: „Wahrscheinlich nicht, aber was soll ich gegen den Haß und die Bitterkeit tun? Ich kann machen, was ich will, diese Gefühle sind einfach da."

„Natürlich sind sie vorhanden. Dagegen kannst du nichts tun. Aber eins kannst du in jedem Fall tun."

„Und das wäre?"

„Du kannst dich dafür lieben, daß du sie und ihren Liebhaber haßt."

„Ich soll mich dafür lieben, daß ich sie hasse? Was soll das denn? Und vor allem: Wozu denn?" rief er empört und zugleich verwundert.

„Aus zwei Gründen. Erstens: Die Schwingung der Liebe wird den Haß und die Bitterkeit in dir überlagern, und das ist das Beste, was du für dich selbst tun kannst. Es wird dich davor bewahren, daß dein innerer Zustand immer weiter runter in den Keller geht. Zweitens: Jede Schwingung, die du in dir erzeugst, erzeugt das dementsprechende Echo. Schwingst du in Gefühlen von Haß und Bitterkeit, wird dir dein Erlebniskosmos das entsprechende Feedback bescheren. Schwingst du aber in Liebe, wirst du das dementsprechende Echo empfangen. Und wenn es überhaupt eine Möglichkeit gibt, deine Frau dazu zu bewegen, zu dir zurückzukehren, dann ist es die Schwingung der Liebe. Sonst nichts."

„Das kann ich beim besten Willen nicht glauben“, sagte er kopfschüttelnd, „kann sie etwa meine Schwingung empfangen wie ein ... Handy oder ein ... Radiogerät?“

„Ein gutes Beispiel“, entgegnete ich, „Radiowellen sind auch unsichtbar und dennoch real. Dasselbe gilt für die Frequenzen, die du in dir erzeugst. Probier es aus. Mehr kann ich dir dazu nicht sagen. Es ist der beste Rat, den ich dir geben kann.“

Etwa vier Wochen nach unserem Gespräch traf er sich mit ihr. Sie hatte ihn angerufen und ihn um ein Gespräch gebeten. Dabei hatte sie ihm dann unter Tränen bekannt, sie habe einen riesengroßen Fehler gemacht und wolle wieder zu ihm zurückkehren.

„Es war ganz eigenartig“, erklärte er mir kurz nach diesem Treffen, „du kannst dir nicht vorstellen, wie aufgeregt ich war, als ich zu ihr fuhr, und wie sehr ich hoffte, sie würde genau das zu mir sagen, was sie dann sagte. Aber als sie es ausgesprochen hatte, wurde mir schlagartig klar, daß ich nicht mehr mit ihr zusammenleben wollte. Ich konnte mir diese plötzliche Wandlung meiner Gefühle für sie selbst nicht erklären, aber es war mir sonnenklar: Ich will es nicht mehr. Da war kein Haß auf sie. Auch nicht das Motiv, mich an ihr zu rächen. Im Gegenteil. Das Gefühl der

Liebe, an das ich mich damals nach unserem Gespräch immer wieder erinnert hatte und in mir aufleben ließ, blieb in mir. Aber es floß nicht mehr zu ihr. Es war einfach keine Liebe mehr **für sie** da. Und jetzt bin ich im Reinen mit mir. Ich empfinde zwar in manchen Situationen noch immer tiefen Schmerz darüber, daß sie mich über ein Jahr lang betrogen hat, aber ich hasse sie nicht mehr und kann auch akzeptieren, daß dieses Kapitel meines Lebens endgültig zu Ende ist. Und noch eins: Danke für deinen Rat. Auch wenn alles ganz anders kam, als ich es erwartet habe. Diese Schwingungssache ist wirklich nicht ohne. Das muß ich gestehen."

Ob wir gute Entscheidungen treffen, hängt zum größten Teil davon ab, in welchem inneren Zustand wir uns befinden. Wer die nächsten Kapitel aufmerksam liest und dabei lernt, seine Emotionen zu managen, wird auch bessere Entscheidungen treffen.

Emotionsmanagement

Alles lieben versus positiv denken

„Welchen Unterschied gibt's eigentlich zwischen 'der Liebe zur Liebe ohne Objekt' und dem Positiven Denken?" fragte mich kürzlich einer meiner Leser im Gespräch. Fragst du dich das vielleicht auch? Der Unterschied ist gewaltig.

Thaddeus Golas bringt es auf den Punkt, wenn er sagt: „Einige Leute meinen: Gedanken sind Dinge und daß man negative Gedanken vermeiden müsse, weil sie sich sonst verwirklichen könnten. ... Wenn du negative Gedanken vermeidest, werden sie sich früher oder später physisch bemerkbar machen. Es ist dein Widerstand gegen negative Gedanken, der sie sich in deinem Leben manifestieren läßt."

Wenn du „gut drauf" bist, denkst du automatisch positiv. Oder anders formuliert: Du erkennst an deinem „Gut-drauf-Sein", daß du positiv denkst. Denn jeder emotionale Zustand ist abhängig von deinen Gedanken.

Selbst wenn es dir nicht bewußt ist: Dein emotionaler Zustand wird immer vom Inhalt deiner Gedanken verursacht. Daher liegt es natürlich nahe, notorischen Negativ-Denkern zu empfehlen, einfach den Inhalt ihrer Gedanken zu ändern. „Denke einfach: *Es geht mir gut*, und du wirst dich gut fühlen!“ Das Risiko dabei ist, daß negative Gedanken wegsuggeriert und verdrängt werden. Du kommst zwar dadurch zweifellos ganz schnell in einen powervollen Zustand, doch in deinem Unterbewußtsein können die negativen Gedanken weiterrumoren. Wenn sie auf diese Weise immer und immer wieder abgedrängt und unterdrückt werden, machen sie sich eben irgendwann physisch bemerkbar. Meine Frau beispielsweise war solch eine Verdrängerin. Über Jahre hinweg unterdrückte sie einen bestimmten seelischen Schmerz. Äußerlich merkte man ihr das nicht an, weil sie positiv dachte. Schließlich bildete sich in ihrem Unterleib ein Geschwür, daß man operativ entfernen mußte.

Eine weitere Gefahr positiven Denkens besteht darin, daß die Hardliner dieser Richtung glauben, ihre positiven Zukunftsvisionen müßten sich eins zu eins verwirklichen bzw. materialisieren. Weil Gedanken tatsächlich die Tendenz zur Verwirklichung haben, passiert das auch manchmal. Aber ebenso oft geschieht überhaupt nichts, zumindest nicht das, was du dir vorgestellt hast. Manchmal geschieht sogar das genaue Gegenteil von dem, was du erwartest. Der Grund liegt wiederum in der Verdrängung negativer Gedanken, nämlich all jener Zweifel, die du durch positives Denken lediglich unterdrückst. Es verwirklicht sich immer nur das, was dein Unterbewußtsein als glaubhaft annimmt. Und wenn in deiner Vorstellungswelt die Gedanken des Zweifels unbewußt dominieren, werden sich nicht deine Ziele, sondern deine Zweifel verwirklichen. Darum geschieht manchmal nichts oder das Gegenteil von dem, was du erwartest.

Wir leben in einer polaren Welt. Und deshalb ist es gänzlich unmöglich, AUSSCHLIESSLICH positiv zu denken. Das wäre außerdem unproduktiv. Bringst du etwa eine Maschine zum Laufen, wenn sie nur mit dem Pluspol des stromführenden Kabels verbunden ist? Natürlich nicht. Sie muß gleichzeitig am Minuspol angeklemmt sein. Mit uns verhält es sich genauso: Unser Leben kann nur dann funktionieren, wenn wir an beiden Polen angeschlossen sind.

Das eigentliche Problem bei negativen Gedanken besteht darin, daß wir sie **auszuschließen** versuchen und sie daher durch positive Gedanken **verdrängen**. Nur dadurch werden sie das, was sie in unserer Vorstellung sind. Mit anderen Worten: Nicht der negative Gedanke an sich, sondern die **negative Bewertung** negativer Gedanken und negativer Ereignisse wird zur eigentlichen Blokkade.

Golas rät uns, solche Bewußtseinszustände folgendermaßen zu hinterfragen: „Was habe ich auf einer Bewußtseinsebene zu suchen, wo so etwas Wirklichkeit ist? Das ist die erste Frage, die du dir stellen mußt, wenn du etwas Häßliches, Übles oder Dummes wahrnimmst. Wir stehen immer mit Gleichwertigem in Verbindung ..."

Also Hinschauen statt Wegschauen, Annehmen statt Verdrängen. Was du an Negativem erlebst, enthält eine Botschaft. Es zeigt dir, auf welcher Ebene sich dein Bewußtsein gerade befindet. Es zeigt dir darüber hinaus, daß dich irgend etwas blockiert. Solche Signale sind durchaus positiv. Aus diesem Grund kannst du sie als Freunde betrachten. Und wenn du sie liebst, kann dir der negative Gedanke, die negative Stimmung, das negative Erlebnis unmöglich schaden. Im Gegenteil: Die Liebe bringt dich in einen powervollen Zustand zurück. Als würdest du in einen Hubschrauber steigen und die Szene „von oben" betrachten. Die Szene wird sich dadurch wahrscheinlich nicht sofort verändern, doch du wirst sie aus der Vogelperspektive bewerten können. Du bist nicht mehr mit ihr identifiziert, nicht „bombenfest" mit ihr verklebt.

Wenn du ein Ziel erreichen willst, gilt dasselbe Prinzip. Anstatt alle Gedanken auszuschalten, die dich an der Zielerreichung zweifeln lassen, **nimm sie an, schau sie an und liebe sie**, wann immer sie in dir auftauchen. Zweifel und überhaupt alle negativen Gedanken können nur dann zu Hindernissen werden, wenn du sie verdrängst. Wenn du sie annimmst und liebst, sind sie bestens geeignet, um dich von allen Blockaden zu befreien.

Nehmen wir einmal an, ein Verkäufer zweifelt daran, ob ein Kunde das Produkt kauft, das er ihm anbieten will. Was geschieht, wenn er den Zweifel annimmt und liebt? Er wird zu einem wertvollen Helfer, weil er den Verkäufer dazu bringen wird, sich bestens auf das Gespräch vorzubereiten. Würde er den Zweifel verdrängen und sich suggerieren: „Überhaupt keine Frage, daß der mein Produkt kauft!“ würde er zwar sein Produkt mit großem Selbstbewußtsein präsentieren, aber womöglich beim ersten Einwand in die Knie gehen.

Unzufriedenheit über deine gegenwärtige Situation zu verdrängen und dir zweckoptimistisch einzureden, daß schon wieder bessere Zeiten kommen, hat denselben Effekt. Wenn du das Gefühl der Unzufriedenheit aber liebst und es hinterfragst: „Was habe ich auf einer Bewußtseinsebene zu suchen, wo so etwas Wirklichkeit ist?" wirst du die Ursache finden. Vielleicht mußt du einfach bestimmte Dinge in deinem Leben verändern, um wieder Zufriedenheit oder den freien Fluß der Liebe zu erfahren.

Manchmal sind die einzuleitenden Veränderungen marginal. Kürzlich traf ich jemanden, dessen Unzufriedenheit lediglich darauf beruhte, daß er sich schlecht organisierte. Dadurch war er stets unter Zeitdruck, und dieser Dauerstreß machte ihn natürlich unzufrieden.

Wenn du unter allen Umständen liebst, egal was passiert, werden dich die meisten jener negativen Gefühle, die zuvor deine ständigen Begleiter waren, verlassen. Sie werden einfach nicht mehr vorhanden sein, weil sie ihren Zweck erfüllt haben. Sie tauchen nur auf, sind nur deshalb gegenwärtig, um dir zu zeigen, daß der Fokus in deinem Leben nicht stimmt. Denn **Liebe ist alles**, was du in deinem Leben begehrst. Vielleicht glaubst du, es sei etwas anderes – Geld beispielsweise, finanzielle Unabhängigkeit, dein Traumpartner, Anerkennung, mehr Freizeit, Vergnügen, eine Weltreise, harmonisches Familienleben, Kinder, Freunde, das Eigenheim, spirituelles Wachstum, Tugend, mehr Gelassenheit. Aber in Wahrheit suchst du in all dem nur eins: **die Liebe in**

dir. Und weil dir nicht bewußt ist, daß Liebe schon da ist, ja daß sie deine wahre Natur ist, in jedem Moment, suchst du dir Objekte, von denen du glaubst, sie könnten dich mit Liebe erfüllen, sobald du sie erst einmal hast. Doch das ist ein Trugschluß, denn alle, wirklich alle **Objekte der Liebe** verlieren mit der Zeit ihre Strahlkraft. Und dann kannst du sie nicht mehr lieben und suchst dir neue Objekte.

Eines dieser Objekte ist Positives Denken. Auch darin suchst du letztlich etwas, was du schon besitzt. Liebe einfach die Liebe in allem und jedem, dann wirst du automatisch in einen positiven inneren Zustand gelangen und die meisten deiner Ziele ohne großen Energieaufwand erreichen. Die meisten? Wieso denn nicht alle? Ganz einfach: Weil manche deiner Ziele nur ein Ersatz für die Liebe sind und sich als bunte Seifenblasen erweisen, deren Zerplatzen du achselzuckend mit einem „Was soll's" beobachten wirst, wenn du gelernt hast, die Liebe zu lieben.

Tür zu für destruktive Gefühle

Unterscheide **destruktive Gefühle** von **negativen Gefühlen**. Die Unterscheidung ist simpel: Negative Gefühle sind einfach der Gegenpol positiver Gefühle und als solche ebenso nützlich wie der Minuspol, um elektrische Energie zu erzeugen. Sie verleihen dir – manchmal nicht sofort, aber auf jeden Fall im Endeffekt – Energie. Destruktive (zerstörerische) Gefühle rauben dir immer Energie.

In die Kategorie negativer Gefühle gehören 1. die Reaktionen deines Reptiliengehirns, 2. das Gefühl der Trauer nach einem schmerzlichen Verlust und 3. Mitgefühl, wenn du ein Geschöpf – Mensch oder Tier – leiden siehst. All das sind zwar negative, aber **keine destruktiven Gefühle**, sie sind vielmehr notwendig und nützlich. Destruktive Gefühle jedoch sind in jedem Fall schädlich. Sie sollten keinen Raum in unserem Leben erhalten. Und man kann diese Tür tatsächlich zusperren, ohne sie zu verdrängen oder zu unterdrücken.

1. Die Reaktionen des Reptiliengehirns

Unser Stammhirn oder das sogenannte „Reptiliengehirn" (das ist der stammesgeschichtlich älteste Teil unseres Gehirns, den evolutionstechnisch schon die ersten Reptilien hatten) reagiert reflexartig auf alles Neue. Es läßt uns die Wahl zwischen den Alternativen Fliehen oder Kämpfen. Im Bruchteil einer Sekunde wird in diesem Gehirnteil eine Situation gegebenenfalls als gefährlich eingeschätzt und die Entscheidung zur Flucht oder zum Kampf getroffen.

Diese Reaktionen sind nützlich und sichern unser Überleben. Sie treten jedoch nur in Gefahrensituationen spontan auf und verschwinden, sobald die Gefahr vorüber ist. Wenn dich Angst oder Zorn jedoch „im Griff" haben und kontrollieren, sind es destruktive Gefühle, die dir nicht nützen, sondern in jedem Fall schaden.

2. Traurigkeit oder Trauer

Trauer bei einem schweren Verlust ist ebenfalls eine außerordentlich nützliche Emotion. Solange sie dir dabei hilft, deine Wunden zu heilen, ist sie wie eine Heilsalbe. Wenn Traurigkeit zu Mutlosigkeit wird, ist sie schädlich. Zu Beginn der Trauer wird zweifellos auch Mutlosigkeit da sein, doch wenn die Mutlosigkeit das dominierende Gefühl in deiner Trauer wird, gehört sie in die Kategorie der destruktiven Gefühle.

3. Mitgefühl

Dasselbe Prinzip gilt für dein Mitgefühl, wenn du ein Lebewesen leiden siehst. Ich verwende anstelle des Begriffs „Mitleid“ das Wort „Mitgefühl“. Mitgefühl bedeutet, daß man sich dem Leid anderer Menschen nicht entzieht, sondern sich in ihre Lage versetzt, ihnen zuhört, sie versteht und versucht, ihnen Hilfe zur Selbsthilfe zu geben. Mitleid jedoch bedeutet, was das Wort aussagt: Du leidest mit einem anderen, und das bringt weder ihm noch dir irgend etwas. Es wird ihm nicht helfen, und dich wird es aushöhlen. Deshalb gehört Mitleid in die Kategorie der destruktiven Gefühle.

Destruktive Gefühle sind immer Hürden im Spiel des Lebens. Sie stellen sich dir nur aus einem einzigen Grund in den Weg und haben nur einen einzigen Sinn: Du erhältst durch sie das Signal: **Spring drüber! Handle! Verändere etwas in deinem Leben!** Denn nur dann helfen sie dir, ein Meister im Lebensspiel zu werden.

Und wie springt man drüber? Zunächst mußt du sie als Hürden erkennen, wie bereits erwähnt. Destruktive Gefühle **rauben** dir Energie. Negative Gefühle wie spontane Reaktionen deines Reptiliengehirns, Trauer zum Verarbeiten eines schmerzhaften Verlusts und Mitgefühl für ein leidendes Lebewesen **geben** dir Energie. Ja, selbst Trauer gibt dir Energie. Das wirst du nicht sofort spüren, aber im Endeffekt macht dich auch Trauer nur stärker.

Was machst du nun, wenn du das Signal: Spring drüber! Handle! Verändere etwas in deinem Leben! erkannt hast? Hier gibt es verschiedene Möglichkeiten: Die erste und einfachste ist: Liebe dich dafür, daß du Wut, Frustration, Neid, Eifersucht, Mitleid etc. in dir wahrnimmst. Denke nicht: „Mein Gott, wie wütend oder frustriert ich jetzt wieder bin!" Denn diese Identifizierung wird die destruktiven Gefühle nur noch verstärken. Wenn du sie aber lediglich wahrnimmst und dich dafür liebst, daß sie als Signale da sind, überlagert das positive Gefühl der Liebe automatisch jedes destruktive Gefühl, und du kommst zurück in den Flow. Das heißt: Du nimmst die destruktiven Gefühle zwar wahr, wirst aber nicht in sie involviert.

Wenn du jedoch bereits in sie involviert bist, reicht es möglicherweise nicht, dich dafür zu lieben. Du liebst zwar, doch die destruktiven Gefühle kümmert das nicht. Man kann das „aussitzen", indem man seine Aufmerksamkeit nicht auf die destruktiven Gefühle, sondern auf die Liebe richtet, aber das wird dir nur dann gelingen, wenn du darin geübt bist.

Wenn du schon so stark involviert bist, daß es dir nicht mehr gelingt, **direkt** auf deinen Geist einzuwirken, dann verändere ihn **indirekt, indem du etwas tust**. Am besten etwas, das körperlichen Einsatz verlangt. Sitz also nicht da und brüte dumpf vor dich hin. Putz statt dessen Fenster! Räum dein Büro auf! Jäte Unkraut im Garten! Geh joggen! Geh in den Wald und grabe mit dem Spaten ein tiefes, wenn auch vollkommen nutzloses Loch in die Erde! Wichtig dabei ist nur eins: Nein, **nicht Ablenkung** von deinen düsteren Gedanken – sondern durch die Tätigkeit zurück in den Flow zu kommen. Erst wenn du wieder im Flow bist, kannst du klar denken und dir Lösungswege für dein Problem überlegen. Im Zustand der Frustration bist du dazu nicht fähig.

Tu daher die Arbeit so, daß du dabei in den Flow kommst. Du weißt ja jetzt, wie das geht: voll reingehen in dein Tun, bis du mit ihm verschmilzt. Laß die Gedanken machen, was sie machen wollen. Versuche nicht zu verhindern, daß sie auf dich einreden: „Das löst doch jetzt nicht meine Probleme! Ich kann einfach nicht vergessen, was er/sie mir angetan hat! Was für ein sinnloser Mist, den ich da gerade mache!" etc.

Manchmal wird es eine Zeitlang dauern, bis du in den Flow kommst. Meistens jedoch bist du nach einer gewissen Zeit drin. Und dann verändert sich die gesamte Situation, weil deine emotionale Verfassung sich verändert und in deiner wahren Natur wieder stabilisiert hat.

Denke also daran: Destruktive Gefühle sind immer nur als Signale sinnvoll, wenn du aber vor der Hürde stehenbleibst und dich in deinem Lauf blockieren läßt, sind sie so überflüssig wie ein Kropf. Je öfter du in destruktiven Gefühlen feststeckst, desto größer ist die Gefahr, daß sie zu einem sich ständig wiederholenden Muster werden. Ich nenne solche Muster „Spielschleifen".

Spielschleifen deshalb, weil unser Leben letztlich ein Spiel ist. Wenn wir uns an die Spielregeln halten, können wir es gewinnen. Wer sich jedoch nicht an sie hält, wird es verlieren. Das ist zwar in bezug auf deine wahre Natur ohne jeden Belang. Du wirst Liebe bleiben, selbst wenn du in Depressionen abrutschst oder dir im Ärger den Kopf an der Mauer eines Widerstands wundrennst, doch für dein Lebensspiel ist es von großem Nachteil. Wenn du erst einmal in einer Spielschleife bist, wirst du so lange in ihr feststecken, bis du die Hürde nimmst. Erst dann kommst du raus.

Eine weitere Möglichkeit zum Überspringen der Hürde: Tu etwas für Menschen, die leiden! Besuche sie! Schreib ihnen einen Brief! Ruf sie an! Schenk ihnen etwas! Allerdings sollte diese Aktivität nicht dazu dienen, vor deinen eigenen Problemen zu fliehen. Es führt kein Weg daran vorbei, deine eigenen Probleme zu lösen. Wenn du aber lediglich temporär in einem destruktiven Gefühl feststeckst, aus dem du dich einfach nicht zu befreien vermagst, verhilft dir manchmal der liebende Kontakt zum Überspringen der Hürde. Indem du anderen hilfst, hilfst du dir selbst, weil sich dabei auch deine eigenen Emotionen positiv verändern. Erst dann hast du die Kraft, für deine eigenen Probleme einen geeigneten Lösungsweg zu finden. Vielleicht findest du ihn sogar, während du gemeinsam mit dem Leidenden einen Lösungsweg für dessen Probleme entwickelst. Wenn du allerdings so schlecht drauf sein solltest, daß dein Treffen zu einem „Wettbewerb der Leidenden“ wird, bei dem der gewinnt, dessen Klagelied am lautesten ist und der den meisten Schwingungs„abfall“ produziert, kann ich dir diese Vorgehensweise nicht empfehlen.

Wenn destruktive Gefühle auf einem für dich selbst unlösbaren Problem beruhen, solltest du kompetente Hilfe suchen. Beispielsweise dann, wenn du depressiv bist oder gar mit Selbstmordgedanken spielst. In solchen Fällen hilft dir wahrscheinlich keiner meiner vorhergehenden Tips. Sei nicht zu stolz, dir einzugestehen, daß du selbst unfähig bist, dir selbst aus diesem Zustand herauszuhelfen.

Negative Gefühle wie spontan aufkommende Angst oder Ärger sind nicht schädlich. Meine Frau erschrickt bei meinem rasanten Autofahrstil manchmal im Straßenverkehr und schreit mich dann an: „Fahr doch langsamer!“ Oder: „Mein Gott, paß doch auf!“ Solche Spontanreaktionen können nur dann zum Streit führen, wenn ich selbst gerade in destruktiven Emotionen feststekke und sie als persönlichen Angriff auf meinen „Super-Fahrstil“ werte.

Worte, die du unter Einfluß destruktiver Gefühle aussprichst, sind immer und ohne Ausnahme schädlich. Nicht nur für den anderen, sondern auch für dich. Es gibt keine Situation, in der sie etwas Positives ausrichten können. Sie werfen dich immer und ausnahmslos zurück. Du magst gute Gründe anführen, aber nützlich sind sie nie.

Denke nicht, es sei unmöglich zu schweigen, bis dein Kopf wieder klar ist. Selbst wenn du diese Regel ab und zu brichst, gestatte dir nie, sie insgesamt zu verwerfen. Du kannst wie gesagt nicht vermeiden, daß destruktive Emotionen in dir aufsteigen. Doch du kannst sehr wohl entscheiden, ob du dich in sie verwickeln läßt. Du bist nicht gezwungen, destruktive Gefühle, die in dir hochkochen, „auszuagieren". Wann immer solche Gefühle in dir entstehen, liebe dich sofort dafür, daß du sie spürst. Liebe wird sie auflösen. Erinnere dich: Destruktive Emotionen haben nur einen Sinn: **Es sind Hürden, die es zu überspringen gilt**. Wenn du gegen sie anrennst, wirst du dir weh tun! In der Kommunikation mit anderen Menschen sind sie darüber hinaus nicht nur für dich selbst, sondern auch für den anderen schmerzhaft.

Ich bin ein ungeduldiger Mensch, kann es zum Beispiel nur schwer ertragen, wenn andere Menschen langsamer denken oder handeln als ich. Schnell denken und handeln zu können ist sicher von Vorteil, Ungeduld aber immer ein Nachteil.

Auch Ungeduld ist eine „Spielschleife", in die du so lange gerätst, bis du das Muster erfolgreich durchbrichst. Sei nicht enttäuscht, wenn du dazu etwas mehr Zeit brauchst als für andere Übungen. Und wenn du über dich enttäuscht bist, dann liebe dich dafür, daß du enttäuscht bist. Gib jedoch keinesfalls auf. Die erste Voraussetzung für den

Erfolg dieser Übung ist, daß du den Erfolg nicht für unmöglich hältst. Was du für unmöglich hältst, kann sich nicht manifestieren.

„Ein Mann, der seinen Geist nicht halten kann, ist wie eine offene Stadt ohne Mauern.“ (Sprüche 25:28)

Eine offene Stadt ohne Mauern konnte zu der Zeit, als das geschrieben wurde, jeder Feind überrennen. Sie war völlig schutzlos. Genauso verhält es sich mit dir, falls du deinem Geist keine Zügel anlegst, wenn negative Emotionen hochkochen. Dein jeweiliger Gegner wird leichtes Spiel mit dir haben.

Deinem Geist Zügel anzulegen ist jedoch gar nicht so schwer, wie du meinst, wenn du erst einmal gelernt hast, aus jeder destruktiven Emotion, sobald sie dir bewußt wird, in deinen natürlichen Zustand zurückzukehren. Das ist so ähnlich, als würdest du überkochende Milch von der Herdplatte nehmen. Die Wirkung tritt sogleich ein. Wie die Milch bist du dann zwar noch „heiß“ und „schäumst“, aber die Gefahr des Überkochens ist gebannt. Wenn dein Geist nicht mehr kocht, wirst du dich automatisch anders verhalten und andere Worte benutzen als im kochenden oder gar überkochenden Zustand. Und du weißt ja aus eigener Erfahrung, wie mies du dich nach einer emotional geführten Auseinandersetzung fühlst. Nutzlose Energieverschwendung! sage ich dir.

Manche Psychologen raten, insbesondere bei Ehe- oder Familienkonflikten, den Gefühlen mal freien Lauf zu lassen. Das sei wie ein reinigendes Gewitter. Meine Erfahrung lehrt mich etwas anderes: Donnergrollen ist kein Problem. Blitze jedoch, noch dazu, wenn sie beim anderen einschlagen, können Beziehungen töten oder jedenfalls schwer verletzen. So schwer, daß womöglich immer eine Narbe zurückbleibt.

Im Zustand der Liebe zu diskutieren oder zu streiten mag Reibung erzeugen, wird aber zu keiner Verletzung führen. Destruktive Emotionen müssen nicht raus, sondern können in Liebe aufgelöst werden.

Schwing dich empor

„Wenn die Welt schön und sicher aussieht, schwingst du schnell; wenn sie düster, langweilig oder beängstigend aussieht, dann schwingst du langsam, und es ist nötig, daß du dich dafür liebst, daß du langsam schwingst“, sagt Thaddeus Golas.

Wer kann ermessen, was diese Empfehlung wert ist! Eine Million Euro? Zehn Millionen Euro? Kann sie überhaupt in Geld oder Gold aufgewogen werden? Ich meine: sicherlich nicht. Aber warum? Nun, dazu muß man sie selbst ausprobiert und getestet haben.

Was machen wir normalerweise, wenn die Welt düster, langweilig oder beängstigend aussieht? Je nach Veranlagung ziehen wir uns entweder in unser Schneckenhaus zurück, oder wir feiern 'ne dolle Party, um auf andere Gedanken zu kommen. Dagegen ist nichts einzuwenden. Im Gegenteil: **Temporär** können uns beide Verhaltensweisen – sowohl Rückzug als auch Aktivität – sehr wohl dabei helfen, depressive Stimmungen sozusagen auf niedriger Flamme zu halten. **Nachhaltige** Veränderungen jedoch sind auf diese Weise nicht zu erzielen, denn die Ursache für unsere Niedergeschlagenheit bleibt unbearbeitet.

Negative Emotionen, besonders solche, die in kurzen Abständen immer wieder auftreten, sind ein Signal. Sie wollen dir zeigen, daß etwas in deinem Leben nicht stimmt. Irgend etwas blokkiert dich.

Manche Menschen führen jede Blockade auf innere Ursachen zurück. Andere sehen den Grund immer in äußeren Umständen. In Wahrheit kann die Blockade jedoch sowohl innere, seelische als auch äußere Ursachen in ungünstigen Lebensumständen haben.

Insbesondere dann, wenn du in deiner Kindheit traumatische Erlebnisse hattest, ist die Ursache depressiver Zustände oftmals auf einen seelischen Defekt zurückzuführen. Dann kannst du x-mal umziehen, x-mal den Job wechseln, x-mal neue Partnerschaften eingehen – an deinen düsteren Stimmungen wird sich letztlich nichts ändern. Sie liegen in unverarbeiteten Erlebnissen begründet, und keine Veränderung in deinen äußeren Umständen wird daran langfristig etwas ändern. Du brauchst eine Therapie!

Es kann aber auch sein, daß deine äußeren Umstände deiner inneren Entwicklung nicht mehr entsprechen. Dann muß sich in deiner Außenwelt etwas verändern, um der Blockadesituation ein Ende zu machen. Wenn du beispielsweise weit fähiger bist, als die Anforderungen deines Jobs es verlangen, oder wenn du eine Begabung in dir entdeckst, die du in deinem gegenwärtigen Beruf nicht ausleben kannst, wirst du dir über kurz oder lang eine andere Stelle suchen müssen. Wenn du dich mit deinem Partner auseinandergelebt hast, wirst du dich früher oder später von ihm trennen müssen. Wenn dein Freundeskreis dich anödet und nur noch langweilt, wirst du die Bekanntschaft anderer Menschen suchen müssen.

Nun magst du einwenden, daß sich das weit einfacher sagen oder schreiben als umsetzen läßt. Sowohl was die Veränderung seelischer Zustände als auch die äußerer Umstände betrifft. Stimmt! Wir fühlen uns in vielen Fällen relativ hilflos, ohnmächtig sogar, um solche Veränderungen herbeiführen zu können. Traumatische Erlebnisse führen manchmal auch dann, wenn wirklich gute Therapeuten jahrelang mit uns gearbeitet haben, nicht zu dauerhaftem Erfolg. Immer wieder fällst du in düstere Stimmungen oder alte Verhaltensmuster zurück. In unserer maroden Wirtschaftslage einen sicheren Job aufzugeben ist mit hohen Risiken verbunden. Und uns von einem langjährigen Partner oder von einem langjährigen Freundeskreis zu trennen, mit dem uns ja auch vieles verbindet, ist mindestens ebenso schwer, wenn nicht gänzlich unmöglich.

Wenn das aber so ist: Was nützt uns dann die Einsicht, daß düstere Stimmungen auf innere und äußere Blockaden zurückzuführen sind? Überhaupt nichts, wenn wir sie **selbst** aus dem Weg räumen müßten! Eine ganze Menge, wenn wir das Geheimnis der Schwingung erkennen.

Solange du „langsam“ schwingst, kannst du nicht erwarten, daß deine spezielle Situation sich positiv verändert. Das wäre genauso, als würdest du auf einem Berg laut „alles Mist“ rufen und als Echo 'alles wunderbar‘ erwarten. Das, was du gegenwärtig erlebst, innerlich und äußerlich gleichermaßen, ist nichts anderes als das bereits empfangene Echo dessen, was du zuvor an Schwingung ausgesandt hast.

Wenn du nachhaltige Veränderungen erfahren willst, egal ob es sich um innere oder äußere handelt, mußt du zunächst einmal deine Schwingung erhöhen. Denn dein Erlebniskosmos reagiert nur auf deine Schwingung.

„Leichter gesagt als getan“, wirst du wiederum erwidern, „soll ich etwa „alles wunderbar“ rufen, wenn ich bis zum Hals in einem stinkenden Sumpfloch stecke?“

Genau jetzt kann ich dir erklären, weshalb ich

den Wert der Empfehlung von Thaddeus Golas höher schätze als Millionen von Euro. Es geht nicht darum, die Augen vor deiner Situation zu verschließen! Es geht auch nicht darum, von nun an positiv zu denken. Das würde auch gar nichts nützen und wäre nur Selbstbetrug. Es würde womöglich sogar das Gegenteil dessen bewirken, was du anstrebst. Denn unter deinen positiven Gedanken steckt dein Geist noch immer im Sumpf. Was du tun mußt, ist etwas ganz anderes, nämlich: Laß alles so, wie es ist! Laß die Welt ruhig weiter düster, langweilig oder beängstigend aussehen. Versuche nicht, dich aus dem Sumpf herauszuziehen, in dem du zu versinken drohst. Tu nur eins inmitten des Sumpflochs, inmitten der langsamen Schwingung: **„Liebe dich dafür, daß du so langsam schwingst!“**

Absurd klingt das nur, solange du nicht erkennst, daß die Schwingung der Liebe – selbst wenn sie für dich emotional kaum wahrnehmbar ist – deine „langsame“ Schwingung „schneller“ machen kann, wenn auch nicht von heute auf morgen. Liebe schafft das, was dir aus eigener Kraft unmöglich ist. Sie **zieht** dich aber nicht aus dem Sumpf heraus, sondern sie **trocknet ihn aus**! Und zwar genau da, wo du gerade stehst.

Solange du dich der Liebe verweigerst und

nach anderen Auswegen suchst (die zwar manchmal temporär hilfreich sein können und sind), wirst du letztlich blockiert bleiben, denn der Kosmos reagiert nur auf deine Schwingung.

Erwarte keine schnellen Veränderungen, wenn du dich dafür liebst, daß du langsam schwingst. Manchmal wirst du, besonders am Anfang, wahre Wunder erleben. Doch die wirklich tiefgreifenden Veränderungen kommen nicht über Nacht. Du wirst beharrlich auf diesem Weg bleiben müssen, um zu erleben, daß deine Liebe gegenüber der langsamen Schwingung die inneren und äußeren Blockaden transformieren kann.

Bereite dich auf Rückschläge vor. Sie müssen nicht kommen, aber du solltest nicht überrascht sein, wenn du nach einer Hochstimmungsphase wieder in düstere Stimmungsperioden zurückfällst. Betrachte sie nicht als Beweis dafür, daß diese „Methode“ wie alles andere, das du schon ausprobiert hast, eben auch nicht funktioniert. Es gibt schlicht keine andere Möglichkeit, als dich immer wieder, auch wenn es dir schwerfällt, dafür zu lieben, daß du offenbar „wieder mal“ zu langsam schwingst.

Meine Erfahrung auf diesem Übungsweg zeigt mir, daß er in Phasen verläuft. Lebensbereich für Lebensbereich wird abgearbeitet. Und wenn uns das auch nicht gefällt, ist diese Vorgehensweise dennoch im Grunde sehr ökonomisch. Stell dir nur einmal vor, welch ein ungeheurer Energieaufwand notwendig wäre, wenn all deine inneren und äußeren Probleme mit einem Schlag gelöst werden würden! Das würde uns glatt überfordern. Wenn du deine Wohnung renovierst, kannst du ja auch nicht alle Räume zugleich auf Vordermann bringen. Du bearbeitest Raum für Raum, legst dazwischen eine Pause ein, in der du dich über die erledigte Arbeit und das Ergebnis freust – und dann geht die „Maloche" weiter.

Eins ist jedoch sicher: Der Zeitpunkt, an dem die Arbeit erledigt ist, kommt! Aufgrund des Gesetzes der Entropie[7] kannst du zwar nicht erwarten, daß dir Renovierungsarbeiten nun lebenslang erspart bleiben. Wenn du aber jedesmal, wenn es notwendig wird, sofort damit beginnst, wird sich der Umfang der notwendigen Arbeit anschließend in Grenzen halten.

7 Der Grad der Zunahme von Unordnung in einem geschlossenen System

Sex und Liebe

Sex hat mit Liebe so wenig zu tun wie ein schwer verständlicher Schweizer Bergbauer mit einem eloquenten Aktionär an der Wall Street. Das heißt aber nicht, daß ich gegen Sex bin.

Wenn du mich fragen würdest, was erlaubt ist beim Sex, sage ich sogar: **alles**. Denn Sex ist ein Spiel, ein lustvolles Spiel, und es gibt nur eine Spielregel dabei: Was auch immer dir Lust bereitet: Tu es ohne schlechtes Gewissen – vorausgesetzt, es macht deinem Sexpartner ebensoviel Spaß wie dir. Die Art und Weise, **wie** du Sex ausleben willst, unterliegt nur einer Spielregel: den Partner durch deine Sexpraktiken nicht unter Druck zu setzen. Das ist die bindende Regel beim Sex: Was deinen Sexpartner nicht aufbaut, ihm also keine Lust, sondern Unlust bereitet, sollte tabu sein. Brichst du diese Regel, überschreitest du diese Grenze und verletzt deinen Partner, verletzt du dich selbst, denn ihr seid beide das Selbst. Das tut also nicht nur dem anderen weh, sondern ebenso dir. Und nur das wäre lieblos!

Du brauchst dich dessen, was dir Lust bereitet, nicht zu schämen. Dafür gibt es überhaupt keinen Grund. Es ist schlicht dein genetisches

Programm. Außerdem: Sich seiner speziellen sexuellen Vorlieben zu schämen führt zu seelischen und körperlichen Blockaden und wird dich auf Dauer krank machen.

In der westlichen Hemisphäre sind wir durch die lustfeindlichen Lehren des Christentums geprägt. Sexuelle Lust wird im gesamten Neuen Testament als Hindernis für spirituelle Entwicklung verdammt. Man gewinnt den Eindruck, als hätte Gott einen großen Fehler begangen, Sex zum entscheidenden Faktor für die Erhaltung der menschlichen Rasse zu machen. Der Apostel Paulus meint sogar, wenn man sich sexuell nicht enthalten könne, sei es besser, zu heiraten als vor Verlangen zu brennen. Ehe ist also nach urchristlicher Vorstellung eine Art Isolierstation für den gefährlichen Virus der Triebhaftigkeit.

Ob wir gläubige Christen sind oder nicht – das Gift dieser lustverachtenden, schädlichen Lehren fließt in unser aller Blut. Es beeinflußt uns, ohne daß es uns bewußt ist.

Laß mich dich fragen: Schämst du dich, wenn du eine Tafel Schokolade verputzt? Ein Stück Schwarzwälder Kirschtorte? Oder einen Becher Eis? Hast du moralische Bedenken, wenn du in netter Gesellschaft genußvoll ein Glas Rotwein schlürfst? Oder zwei? Oder drei? Verachtest du dich dafür, ab und zu eine Zigarre, Pfeife oder Zigarette zu rauchen? Nein, wirst du sagen. Warum sollte ich mich dafür schämen oder gar verachten? Nun, weil du damit NUR deiner Lust frönst! Es sind reine Genußmittel, du brauchst sie nicht wie Kohlehydrate, Eiweiß oder Vitamine, um zu überleben. Frage ich dich jedoch nach deinen sexuellen Vorlieben, wirst du höchstwahrscheinlich verschämt zur Seite blicken. Weshalb?

Unser Gehirn ist mit lustfeindlichen religiösen Lehren verseucht! Aids ist eine entsetzliche Seuche, denn sie zerstört das Immunsystem unseres Körpers, doch diese Lehren sind es noch vielmehr, denn sie verseuchen und schwächen unseren Geist. Sie sind die Ursache vieler psychosomatischer Krankheiten und vieler Leiden.

Natürlich soll das keine Aufforderung sein, deine Intimsphäre aufzugeben. Ich würde auch nicht öffentlich über meine sexuellen Vorlieben sprechen. Aber nicht deshalb, weil ich mich ihrer schäme. Schließlich offenbare ich ja auch nicht jedermann, wieviel Geld ich auf meinem Bankkonto habe.

Sex – und zwar in all seinen Variationen und Spielarten – gehört ebenso zum menschlichen Leben wie jedes andere Genußmittel, wie jeder andere Spaß, wie alles andere, was uns Lust und

Freude bereitet. Würden wir das erkennen, wären wir in unserem Geist von einer ungeheuren Last befreit.

Glauben wir aber, Sex **sei** Liebe und nur innerhalb der von religiösen Institutionen definierten Grenzen legitim, werden wir in viele unnötige Schwierigkeiten geraten. Weißt du nicht aus eigener Erfahrung, daß du einen Menschen sexuell begehren kannst, ohne dich für die Ehe oder ein Zusammenleben mit ihm entschieden zu haben? Und weißt du nicht ebenso aus eigener Erfahrung, daß du einen Menschen innerhalb oder außerhalb einer Partnerschaft über alles lieben kannst, ohne Sex mit ihm zu haben? Es ist natürlich ebenso möglich und auch wahrscheinlich, daß du einen Menschen liebst und gleichzeitig Sex mit ihm hast. Doch Sex ist nicht an Liebe **gebunden**. Ebenso wie Liebe nicht an Sex gebunden ist. Verwechsle nicht Liebe mit Lust.

Manche Menschen glauben, wenn es in einer Partnerschaft wenig oder keinen Sex mehr gibt, habe sie sich totgelaufen, und man sei nur noch zusammen, weil man sich aneinander gewöhnt habe. Unsinn! Liebe zwischen zwei Menschen ist immer Herzenssache! Und solange sie **im Herzen gefühlt** wird, ist sie im Fluß und real. Eine Beziehung kann sogar unter Umständen harmonischer ohne Sex funktionieren. Nur wenn das Herz erkaltet, wenn man Abneigung statt Anziehung in der Nähe des Partners empfindet, wenn man mehr streitet als harmoniert, könnte es ein Signal dafür sein, daß man sich auseinandergelebt hat.

Bist du aber davon überzeugt, daß Sex und Liebe unbedingt zusammengehören und ein Abweichen von diesem Maßstab ein Beweis dafür ist, daß keine Liebe mehr zwischen euch fließt, wirst du törichte Entscheidungen treffen und womöglich deine Partnerschaft aufs Spiel setzen.

Obwohl Sex sicher nicht nur der Erhaltung der menschlichen Rasse dient, sondern auch großes Vergnügen bereitet und darüber hinaus gesundheitsfördernd ist, was viele Studien beweisen, brauchst du ihn nicht, um zu lieben.

Ob Sex zwischen zwei Menschen stattfindet oder nicht ist weder ein Beweis noch ein Nichtbeweis für wahre Liebe zwischen ihnen. Sex bewegt sich außerhalb dieser Kategorien. Wer ihn trotzdem in diese einordnen will, könnte ebenso gut behaupten: Nur wer seiner Frau jeden Freitag Blumen schenkt, liebt sie wirklich. Nur wer mit seinem Mann jeden Samstag die Sportschau ansieht, liebt ihn wirklich.

Liebe zwischen zwei Menschen ist eine der schönsten Erfahrungen, die uns das Leben schenkt.

Und wenn es dir vergönnt ist, sie zu erleben, störe nicht ihren natürlichen Fluß, indem du Sex zum Maßstab für ihre Echtheit erhebst.

Was aber ist, wenn du eine sogenannte „Vernunftehe“ führst? Ihr habt kaum noch oder gar keinen Sex, und auch in euren Herzen ist kein Feuer mehr füreinander. Trotzdem willst du dich aus den verschiedensten Gründen nicht von deinem Partner trennen. Sei dir dessen bewußt, daß nichts anderes als deine Affinität diesen unbefriedigenden Zustand erzeugt hat. Wenn du eine Veränderung anstrebst, mußt du bei dir selbst damit beginnen. Schluß mit deinen Selbstvorwürfen: „Warum habe ich mich nur für sie/ihn entschieden?“ Schluß mit Schuldzuweisungen an deinen Partner: „Warum gehst du nicht mal auf meine Bedürfnisse ein?“ Schluß mit Schuldzuweisungen an das Schicksal: „Weshalb meint es das Leben (oder Gott) nur so schlecht mit mir?“

Selbstanklagen und Schuldzuweisungen schmieden dich noch stärker an die Kette deiner Affinität. Sie kann nur durch Akzeptanz und Liebe für deine gegenwärtige Situation aufgelöst werden. Solange du dich weigerst, über diese Hürde zu springen, gibt es keinen Ausweg. Selbst wenn du einen anderen Menschen kennenlernst und dich seinetwegen aus deiner Vernunftehe löst, ohne innerlich etwas in dir verändert zu haben, wirst du wieder in eine ganz ähnliche Situation geraten, weil alles, was wir erleben, durch unsere Affinitäten bedingt ist. Äußere Veränderungen vorzunehmen hat in diesem Fall dieselbe Wirkung, als würdest du in einem baufälligen Gebäude, das vom Einsturz bedroht ist, die Möbel umstellen. Du mußt an die Statik und die Bausubstanz ran, sonst wird dir irgendwann die Decke auf den Kopf fallen.

Substantielle Veränderungen sind nur zu erzielen, wenn du dir die **Ursache** deiner unbefriedigenden Lebensumstände anschaust. Du solltest dich nicht für sie schuldig fühlen, aber sie liegt in dir. Ob es dir bewußt ist oder nicht: Du hast alles, was du erlebst, durch deine Affinität selbst angezogen. Also verändere deine Affinität. Und wie macht man das? **Indem man nichts macht!** Denn es ist gerade dein Machen, dein Streben, unbedingt etwas verändern zu wollen, das dein Fließen in Liebe, also deinen natürlichen Zustand, verhindert.

Wenn du dich bei jedem erneutem Aufbegehren gegen deine unbefriedigende Situation daran erinnerst, daß gerade das Aufbegehren die angestrebte Veränderung **verhindert,** wirst du feststellen, daß du dich **automatisch** in deinem natürlichen Zustand befindest: **Liebe fließt**. Und wenn sie wieder fließt, wird sich deine Affinität verändern. Verändert sich aber deine Affinität, wandeln sich meistens auch deine Lebensumstände. Sei nicht ungeduldig, sondern vertraue dem Fließen der Liebe.

Wenn Liebe erst einmal im Fluß ist, kann alles mögliche passieren: Du lernst jemanden kennen und erlebst mit ihm richtig guten Sex. Oder du lernst jemanden kennen und gehst nach gründlicher Prüfung eine neue Partnerschaft ein. Oder du trennst dich in der Gewißheit, daß das Alleinleben dir mehr entspricht. Oder du erlebst eine Erneuerung deiner bestehenden Verbindung. Oder du wirst deine Situation, so wie sie ist, nein, nicht nur akzeptieren, sondern von Herzen lieben können.

All dies und noch viel mehr kann geschehen, wenn die Liebe in dir wieder in Fluß kommt. Gib ihr einfach die Chance und schau unverkrampft zu, was passiert.

„Ruhe in Frieden!"

Einer meiner Freunde war kürzlich mit seiner siebenjährigen Tochter in einem italienischen Restaurant. Er hatte Pizza bestellt, doch die ließ unverhältnismäßig lange auf sich warten. Schließlich riß sein Geduldsfaden, und er sagte zu seiner Tochter: „Wir gehen jetzt, das dauert mir hier einfach zu lange!" Die Tochter fragte: „Aber warum denn?" Er erwiderte: „Es ist einfach nicht in Ordnung, daß wir so lange auf 'ne Pizza warten müssen." Darauf seine siebenjährige Tochter: **„Dann hör doch einfach auf zu warten!"**

So simpel der Vorschlag klingt, so weise ist er! Denn die meiste Unruhe und der meiste Unfrieden in deinem Leben entstehen aus Vorstellungen. Vorstellungen darüber, wie du sein solltest. Vorstellungen darüber, wie etwas sein sollte, Vorstellungen darüber, wie andere sein sollten. Vorstellungen darüber, wie andere wohl über dich denken. Vorstellungen darüber, wie andere auf dich reagieren werden.

Wenn du dein Leben einfach nur Augenblick für Augenblick ohne Vorstellungen leben könntest, so wäre es nur in ganz wenigen Momenten unruhig oder unfriedlich. Denn Frieden ist wie Liebe unser Normalzustand. Nur in Momenten akuter Gefahr kippt dieser Frieden kurzfristig, dein Gehirn stellt dich dann auf Kampf oder Flucht ein, um dein Leben vor Unheil zu bewahren.

Wenn du dem Gefängnis deiner Vorstellungswelt nicht entrinnst, wirst du das Hauptproblem allen Leids niemals lösen. Denn es sind nahezu immer nur deine Vorstellungen, die Leid herbeiführen. Vorstellungen darüber, wie wir sein möchten, aber nicht sind, sind vollkommen nutzlos, doch wie viele Menschen werden Tag für Tag von ihnen beherrscht und versklavt! Sie möchten besser aussehen, größer, kleiner, muskulöser, schlanker, erfolgreicher, Nichtraucher sein, keine Glatze mehr haben, sich besser ausdrücken können, mehr Geld besitzen, einen anderen Job, eine schönere Wohnung haben etc. etc. etc. Wünsche zu haben, sich Ziele zu setzen ist völlig normal, und du tust gut daran, sie nicht zu unterdrücken, sondern alles in deiner Macht Stehende zu tun, um sie zu erreichen. Die Frage ist nur: **Geben oder rauben sie dir Energie?** Wenn sie dir Energie rauben, dich unzufrieden, mißmutig machen, frustrieren, kannst du sicher sein, daß es nutzlose Vorstellungen sind, die nur eines bewirken: Sie verhindern, daß du dein Leben genießt.

Daneben gibt's auch die weit verbreitete Vorstellung, daß andere schlecht oder falsch über dich denken. Manchmal entspricht noch nicht einmal die Vorstellung selbst der Realität! Stell dir nur einmal vor, man könnte die zermürbende Vorstellung „Wie kann der/die nur so schlecht über mich denken! Warum denkt er/sie nur so falsch über mich, ich bin doch ganz anders!" eliminieren. Wieviel Zeit nehmen solche nutzlosen Vorstellungen und inneren Dialoge in Anspruch! Wieviel Kraft rauben sie uns!

Eine andere Vorstellung, die uns den Frieden raubt, ist unsere Beschäftigung mit der Zukunft. Ich war früher oft schon tagelang vor einem Gesprächstermin mit einem wichtigen Kunden durch die Vorstellung beunruhigt, wie der Gesprächspartner wohl auf meine Präsentation reagieren würde. Würde ich alles richtig machen? Würde ich ihn überzeugen können? Würde ich die richtigen Argumente finden? Würde die Chemie zwischen uns stimmen? Und was wäre, wenn er trotz all meiner Bemühungen „Nein" sagen würde?

Es ist natürlich nicht falsch, sondern im Gegenteil äußerst wichtig, sich auf eine Präsentation vorzubereiten. Selbst wenn du dafür zwei Stunden oder noch länger brauchst und alle möglichen Einwände des Kunden in Gedanken durchspielst, um adäquat reagieren zu können, wird dir das keine Energie rauben. Kaputt macht es uns nur, wenn wir nicht in der Lage sind, anschließend abzuschalten. Wie oft erwies sich ein Kundengespräch für mich in der Realität weit weniger schwierig als meine vorherige Vorstellung darüber. Und selbst, wenn es sich als schwierig erwies, vermochten meine vorhergehenden Vorstellungen daran nichts zu ändern. Sie raubten mir lediglich Kraft und manchmal sogar den Schlaf.

„Stell dir nur vor, wenn das und das eintritt! Was mache ich dann nur!" Kennst du solche Befürchtungen? Immer wieder bilden sich Vorstellungsbilder in deinem Kopf, die so real erscheinen, als wäre das, was du befürchtest, schon eingetreten. Sie überlagern deine reale Situation und zerstören damit deinen natürlichen Zustand, den Frieden.

Ein weiterer Herd des Unfriedens sind unerfüllte Erwartungen. Du findest einen bestimmten Menschen sympathisch oder liebst ihn vielleicht sogar über die Maßen, und er lehnt dich ab oder empfindet nicht in derselben Weise für dich wie du für ihn. Stundenlang, tagelang, ja vielleicht sogar monate- oder jahrelang zermürbt dich die Sehnsucht nach seiner Anerkennung oder Zuneigung. Du wünschst sie dir herbei, visualisierst sie, probierst vielleicht sogar alle möglichen (und unmöglichen) Techniken aus, um ihn „rumzukriegen“ – ohne Erfolg. Welch eine Tragik! Welch eine Energieverschwendung! Und das alles nur, weil eine Vorstellung stärker ist als dein natürlicher Zustand!

Gibt es eine Lösung? Klares Nein! Es gibt keine. Zumindest nicht auf der Ebene, auf der wir sie zumeist suchen. Einstein sagte einmal: „Du kannst ein Problem nie auf der Ebene lösen, auf der es entsteht!“ Solange du nicht zu dieser eminent wichtigen Einsicht gelangst, wirst du in dem Gefängnis deiner zermürbenden Vorstellungswelt bleiben müssen.

Angenommen, du bist verzweifelt genug, um einen „Ausbruch“ zu wagen. Wie kann er gelingen? Welche Werkzeuge mußt du benutzen, um die Gefängnismauer durchbrechen und überwinden zu können? Die Antwort ist wiederum: Es gibt kein Hilfsmittel. Diese Mauern sind stärker und weit höher als die des berühmt-berüchtigten Gefängnisses von Alcatraz. Der Festung Alcatraz hättest du vor dem Ende der abzusitzenden Strafe nur entkommen können, wenn dich der Tod erlöst hätte. Dann wärst du ohne spektakuläre Fluchtversuche problemlos in die Freiheit gelangt.

„Muß ich etwa erst sterben, um frei zu werden?“ Natürlich nicht, denn dann würde dir ja die Freiheit nicht mehr das Geringste nützen! Deshalb sind auch alle Selbstverleugnungsversuche zum Scheitern verurteilt, denn sie verändern lediglich den **Inhalt** deiner Vorstellungswelt: Einen Menschen, der sein Ego zu töten versucht und spirituelles Wachstum anstrebt, stört es vielleicht nicht mehr sonderlich, wenn er ein paar Kilogramm zuviel oder zuwenig wiegt. Vielleicht macht er sich auch nichts mehr daraus, was andere Menschen über ihn denken. Grauen empfände er jedoch bei der Vorstellung, er könnte sein „spirituelles Wachstumsziel“ nicht erreichen oder seinen Prinzipien untreu werden.

Die Lösung ist einfacher als die meisten Menschen vermuten: Denn es gilt lediglich zu erkennen, daß es einen Ort gibt, an dem du gegenüber deiner zermürbenden Vorstellungswelt schon gestorben bist!

Und wo ist dieser Ort? In einem indischen Ashram? Einem Stille-Retreat? Zu Füßen eines erleuchteten Gurus? Auf dem Gipfel des Himalaya? In der Einsamkeit einer unbewohnten Insel oder den Wäldern Kanadas? Verbirgt er sich in einer Weisheitslehre oder Philosophie? Es mag sein, daß du überall dort Hinweise auf diesen Ort entdeckst, ja. Doch in Wahrheit ist er dir viel, viel näher als du wahrscheinlich vermutest, nämlich in dir! Und zwar jetzt, in diesem Moment!

Dein Wesenskern ist ungestörter, stabiler Friede. Sobald dir dieser Friede bewußt wird, wenn du in ihm ruhst und ihn genießt, wird er dir weit mehr bedeuten als deine Vorstellungswelt. Was dich beunruhigt, was Unfrieden schafft, ist nahezu ausschließlich die Überlagerung dieses Friedens durch deine Vorstellungen über die Vergangenheit oder die Zukunft.

Ich sollte so und so sein und bin's immer noch nicht! Weshalb bin ich nur nicht so, wie ich gerne wäre? Er/sie sollte das und das über mich denken! Warum denkt er/sie nur so und so über mich? Warum erkennt mich er/sie nicht an? Warum liebt mich er/sie nicht so wie ich ihn/sie? Wie würde es mir wohl ergehen, wenn das und das (Schreckliche) eintrifft?

Wie bereits erwähnt: Nur in Momenten aktueller Gefahr stellt dich dein Reptiliengehirn auf Kampf oder Flucht ein. Sobald die Gefahr jedoch vorbei ist, kannst du sofort wieder deinen inneren Frieden genießen. Es gibt daher keinen einzigen vernünftigen Grund, deiner Vorstellungswelt verhaftet zu bleiben. Es sei denn, du willst es! Es sei denn, du bist noch nicht verzweifelt genug, um die Gefängniszelle deiner imaginären Vorstellungswelt, die dich versklavt, gegen die Freiheit einzutauschen.

Nun wirst du vielleicht sagen: „Gut gebrüllt Löwe! Hört sich alles ganz toll an! Aber funktioniert das auch praktisch? Sind meine mich zermürbenden Vorstellungen wirklich totzukriegen?" Noch einmal: nicht die Vorstellungen, sehr wohl jedoch deine Reaktion auf dieselben. Allerdings mußt du vorher noch wissen, wie man sich in seinem inneren Frieden verankert. Das erfährst du im Kapitel Selbstrealisation.

Es zu lesen und zu verstehen wird dich wahrscheinlich etwas mehr beanspruchen als der bisherige Stoff. Wenn du jedoch ernsthaft die Absicht verfolgst, deine (oftmals) zermürbende Vorstellungswelt gegen die Freiheit ungestörten Friedens einzutauschen und dein Leid zu beenden, wird sich die Mühe zweifellos lohnen.

Glückselig leer

Kürzlich schrieb mir eine gute Freundin, die sich auch in AGAPE übt: „Wenn etwas auftaucht, das stört, liebe ich es. Wenn mir nichts Störendes auffällt, denke ich nicht an die Liebe, oder doch, manchmal schon: Wenn ich etwas besonders Schönes bewußt wahrnehme – dann lieb ich es auch. Und das ist derzeit auch schon alles zu meiner Agape-Erfahrung." Einige Wochen zuvor hatte sie eine außerordentliche AGAPE-Erfahrung gemacht, wie ein reißender Strom riß die Liebe sie mit, was übrigens durchaus nicht ungewöhnlich ist, insbesondere dann nicht, wenn wir mit der Übung beginnen. Meine Freundin beschreibt diese Erfahrung folgendermaßen:

„Alle spirituellen Beschreibungen eines wahrhaft Ich-selbst-Seins waren in diesem Zustand für mich Realität. Ich WAR ganz und gar mein wahrer Wesenskern, völlig befreit von allem 'Zeug', von allen Beschränkungen. Ich lebte einen Zustand des Paradieses auf Erden. Alleine, mir bewußt zu machen, daß ich überhaupt lebe, brachte wieder neue Wellen des Glücks. Alles war kostbar, spannend, magisch, das Leben ein Geschenk, alles war Glück, Liebe, Kreativität, inneres Kind..."

Dann kam der schreckliche Tag, den sie am liebsten verflucht hätte – ein Tag, den auch andere so ähnlich erleben: Du wachst morgens auf, und der Liebesstrom – oh mein Gott –, er fließt nicht mehr in dir! Dieser wundervolle euphorische, nahezu ekstatische Zustand – vorüber, aus und vorbei. Er hat dich wieder, der graue Alltag mit seinen Sorgen und Zwängen, seinen Pflichten und Grenzen. Immer wieder sagst du dir: „Oh wie sehr liebe ich!", aber da ist nichts mehr, was du dabei fühlst! Tränen fließen, du bist verzweifelt. Wut steigt auf, du pfefferst dein Schreibgerät in die Ecke, gibst deinem Papierkorb einen Tritt, der ihn quer durch dein Zimmer befördert und mit einem lauten Knall erst an der Wand zum Stillstand kommen läßt. Du erinnerst dich daran, dich in deiner Wut, deiner Traurigkeit zu lieben, und tust es, aber ... die Gefühle, ach diese wundervollen Gefühle, dieser gewaltige Strom rosaroter Liebe kehrt nicht mehr zurück. Statt dessen fühlst du Leere, ein gähnendes schwarzes Loch in deiner gottverlassenen einsamen Seele.

„Insofern", schreibt meine liebe Freundin dann weiter, „ist doch klar, daß mich ein solcher Glückszustand weiterhin interessiert, denn nie fühlte ich mich wahrer, authentischer als da. Herausfinden möchte ich von daher, wie ich einen derart intensiven Gefühlszustand bewußt wiedererzeugen kann. Und ich bin nach wie vor davon überzeugt, daß dies möglich ist."

Oh ja, es ist möglich! Gott sei Dank ist es möglich, doch nur dann, wenn du nun eine entscheidende Lektion lernst: **Das und genau das zu lieben, was jetzt da ist,** deinen gegenwärtigen Zustand, ganz und gar, so wie er ist. Suche nicht nach einem anderen, schöneren Zustand. Laß alles so, wie es JETZT ist.

Alle Menschen, die ich kenne, durchlaufen phasenweise Zustände, in denen ihnen das Leben „sinnentleert" scheint. Es gibt keinen Grund, diesen Zustand anzustreben, doch wenn du dich in ihm befindest, mußt du wissen, wie du so mit ihm umgehst, daß er dir im Endeffekt Gewinn bringt.

Wenn nur Leere da ist, dann liebe die Leere. Selbst wenn du dich vollkommen leer fühlst: Du bist immer noch Liebe! Das ist dir nur nicht bewußt, weil du auf die früheren Gefühle konzentriert bist und verzweifelt nach ihnen suchst. Warum sind sie nur verschwunden? Wo sind sie hin? Wie zum Teufel bekomme ich sie zurück?

Der tiefere Grund für den Rückzug deiner Gefühle: Die Liebe will dich jetzt lehren, den Liebesstrom unabhängig von deinen Gefühlen, unabhängig von äußeren Geschehnissen zu erfahren. Liebe fühlen und Liebe sein ist nicht dasselbe! Nicht, daß du keine Gefühle mehr haben dürftest. Sie werden wiederkommen, das ist gewiß, aber du wirst nicht mehr auf sie fixiert sein. Etwas Höheres und weitaus Beständigeres wird ihren Platz einnehmen. Leere zu empfinden ist nur dann ein Unglück, wenn du sie als solche bewertest.

Wenn du dich in deiner inneren Leere liebst, anstatt vor ihr zu fliehen oder sie abzulehnen, verwandelt sie sich in einen Raum unberührbarer Stille. An diesem Punkt wirst du dein „Leersein" zu schätzen beginnen, und dann wird dir manchmal so sein, als wäre dein äußeres Leben – dein Erlebniskosmos – eine bunte, dünnwandige Seifenblase, die jederzeit zerplatzen kann und auch zerplatzen darf. Denn was bleibt, immer bleibt, ob die Seifenblase zerplatzt oder nicht, ist die Leere. Denn was ist diese Leere in Wahrheit? Nichts anderes als Liebe in ihrem zeitlosen Urzustand.

Warte nicht darauf, daß du deine innere „Leerheit" als Stille erfährst. So funktioniert es nicht. Beginne vielmehr jetzt, die Leere zu lieben. Denn auf diese Weise wird deprimierende Leere zu beglückender Leere.

Wenn du erst einmal entdeckt hast, daß die Leere alles andere als leer ist, wird du sie zu schätzen beginnen und sie als dein eigentliches Zuhause begreifen. Und mit dieser Gewißheit ist eine ungeheure Freiheit verbunden. Jetzt erst kannst du die Seifenblase deines irdischen Lebens so richtig aufblasen! Du kannst sie größer machen, wenn es dir möglich ist, auch bunter, wenn du Buntheit begehrst! Denn jetzt wird es nicht mehr sonderlich berühren, wenn sie irgendwann wieder zerplatzt. Weshalb? Weil du weißt, daß alles, was vorher da war, nicht mehr war als über die Leere geblasener, im Sonnenlicht bunt reflektierender ... – na was schon – Seifenschaum eben!

Du solltest die Seifenblase nicht bewußt zum Platzen bringen, wie es uns die meisten Religionen zu suggerieren versuchen: „Verleugne dich selbst! Zerstöre das Ego!" Es ist lediglich so, daß es für dich jetzt nicht mehr so wichtig ist, ob deine Seifenblase schön bunt, groß oder klein ist oder ob sie eben wieder einmal zerplatzt.

Spiele dein Seifenblasenspiel weiter! Du kannst nicht nur, du mußt sogar manchmal so tun, als ob alles ganz immens wichtig wäre. Doch innerlich, tief in dir, weißt du jetzt, daß überhaupt nichts wichtig ist. Noch nicht einmal, ob du nun in jedem Augenblick deines Lebens erkennst, daß du

in Wirklichkeit Liebe bist! Hast du es wieder einmal vergessen – wen interessiert es? Nicht einmal Gott!

Dein Übungsfeld ist das Leben. Das praktische Leben. Es ist nicht mehr soooo überaus wichtig für dich, **was** geschieht, auch nicht wichtig, **wie** es geschieht, sondern **wie du es erlebst.** Selbst das wäre letztlich nicht wichtig, aber es ist eben dein Spiel. Dein Seifenblasenspiel.

Wenn du das begreifst, wenn du **wirklich** begreifst, daß deine Seifenblasenexistenz vollkommen bedeutungslos ist, und dann doch alles tust, um in jeder Hinsicht zu wachsen – finanziell, materiell, körperlich, in sportlicher Hinsicht, geistig, seelisch, im Job, als Nachbar, als Elternteil, als soziales Wesen und spirituell–, dann bist du zu beneiden.

Sich vollkommen bedeutungslos zu wissen und gleichzeitig alles zu tun, um zu wachsen – das scheint sich zu widersprechen, aber die Praxis beweist, daß man so am glücklichsten ist.

Nimm die Knetmasse deines menschlichen Lebens und mach mit ihr, was du willst. Forme aus ihr, was auch immer dir in den Sinn kommt. Die Masse ist formbar. Ihre Substanz bleibt leer, was auch immer du knetest, was auch immer aus ihr wird.

Es ist natürlich angenehmer zu lachen als zu weinen, reich zu sein statt arm, gesund statt krank, stark statt schwach. Doch das gilt nur für die Seifenblasenexistenz. Mit anderen Worten: Es gilt für die Peripherie deines Seins, für den äußersten Rand deines Seins. Doch was ist mit dem weitaus größeren Hohlraum darin? Ihm ist es völlig egal, was da draußen geschieht, hörst du: völlig egal. Was da draußen geschieht, tangiert deinen Wesenskern nicht. Versuche es zu sehen, zu fühlen. Du kannst es sehen und fühlen, weil du selbst dein Wesenskern bist.

Wenn du den Liebesstrom in dir nicht mehr spürst, ist alles so fürchterlich leer. War denn meine Übung umsonst? War denn alles nur ein schöner Traum? Natürlich war es das! Wußtest du denn noch nicht, daß alles ein Traum ist? Deine gesamte Existenz ist ein Traum! Eine bunt schillernde Seifenblase, die jetzt eben wieder einmal zerplatzt ist. Und was bleibt, ist natürlich nur das, was immer ist: Leere!

„Zum Teufel mit der Leere! Ich will die bunten Farben meiner Seifenblase genießen!“ Ist es das, was du denkst?

Hier, an diesem Punkt, ist die entscheidende Lektion in deinem Spiel. Laß doch einfach einmal zu, daß du leer bist! Im Kern **bist du immer**

noch Liebe! Vielleicht stört dich der Begriff Leere. Ich hingegen finde ihn außerordentlich passend. Warum? Weil ich erlebte, daß sich insbesondere die Leere, wenn wir sie erst einmal akzeptieren, in objektlose Liebe verwandelt. Am liebsten würde ich dir zurufen: Freu dich darüber, daß du jetzt endlich einmal leer bist! Entleert von allen Objekten nämlich, was dich jedoch nur deshalb unglücklich macht, weil du an ihnen festklebst.

Probleme haben wir immer nur mit dem Ego. Doch dieses Ego läßt sich nicht vernichten. Solange du in diesem Körper bist, wirst du bunte Seifenblasen erzeugen, ob sie nun weltliche, religiöse oder spirituelle Farben annehmen. Es ist sehr wichtig, dies zu erkennen, denn wenn du beispielsweise meinst, du könntest blasenlos (selbstlos) bleiben, täuschst du dich gewaltig.

Dein Kern ist immer AGAPE, vollkommen leer und gerade deshalb so harmonisch und friedvoll. Nur weißt du es nicht und fühlst es deshalb natürlich auch nicht. Du bist sozusagen gefangen in deiner Oberflächennatur.

Also gibt es gar nichts zu tun? Kann ich nicht dafür sorgen, daß die Liebe endlich wieder fließt? Aber natürlich kannst du etwas tun. **Tu nichts! Gib auf! Und umarme die Leere.** Dann wirst du gerade in der Leere die Liebe finden. Doch dieses Finden ist nicht rational. Es geschieht nicht in deinem Kopf, sondern in deinem Herzen. Wahres Finden ist höchst lebendig, du kannst es nicht sortieren, verpacken und im Eisfach deines Verstandes konservieren.

Ein weiser Schamane wurde einmal nach dem Geheimnis der Glückseligkeit gefragt. „Solange du nach Glückseligkeit suchst, wirst du sie niemals finden. Wer nichts mehr sucht, ist gezwungenermaßen glückselig. "

Die Liebe, die sich, wenn du im Kern bist, so anfühlt, als wärst du vollständig leer, ist die gewaltigste Kraft im Universum. Aus ihr entsteht alles. Laß zu, daß alles so ist, wie es ist. Gib dich der Leere hin. Vertrau dich ihr an. Dann wirst du erstaunlicherweise überströmende Fülle erfahren!

„Ich hab's getan, und doch erfahre ich nicht die Fülle! Ich fühle mich noch immer so down!" Solange du so denkst, beweist es dir nur, daß du die Leere noch nicht wirklich schätzt. Und solange du sie noch nicht schätzt, wird sich dir das Gefühl der Liebe verweigern. Versuche aber nicht, deinen Wunsch nach dem Gefühl zu verleugnen. Laß einfach alles so, wie es ist. Alles weitere wird sich ereignen.

Der Normalzustand ist: Liebe fließt – ohne daß du etwas dafür tust. Manchmal wirst du dabei vor Freude in die Luft springen. Meistens aber bist du im Zustand von „Liebe fließt“ ganz einfach gleichmütig und im Frieden mit dir selbst. **Glückselig leer** nenne ich diesen Zustand.

Je mehr du versuchst, einen außerordentlichen Bewußtseinszustand zu erreichen, desto mehr wird sich dein Bewußtsein zusammenziehen. Je mehr du dich beschränkst auf das, was sich nicht anfühlen läßt, sondern einfach NUR IST – beständig zwar, doch vollständig leer, desto mehr wird sich dein Bewußtsein erweitern und ausdehnen. Manchmal wird das zu einer Explosion deiner Gefühle führen. Du wirst lachen, tanzen, verrückt sein. Ein anderes Mal wirst du einfach nur in dir ruhen, gelassen, gleichmütig, ohne besondere Gefühle. Na und?

Selbstrealisation

Das magische Auge der Liebe

Manche Menschen, die damit beginnen, alles zu lieben, erleben sofort eine Veränderung in ihrem Lebensvollzug und in ihren Lebensumständen. Sie sind total begeistert und schwören darauf. „Hätte ich DAS nur früher gewußt!“ sagen sie, „wieviel Leid hätte ich mir erspart“. Von einigen Menschen erhalte ich jedoch das Feedback, daß es nicht funktioniert mit der Liebe. „Ich hab’s ja probiert, aber geklappt hat es nicht.“ „Was klappt denn nicht?“ frage ich dann. Folgende Antworten bekomme ich dann meistens zu hören: „Ich komm einfach nicht raus aus meinem Gefühlstief.“ „Meine Wünsche gehen immer noch nicht in Erfüllung.“ „Wenn mein Chef mich anschnauzt, kann ich einfach nicht lieben. Ich bin dermaßen stinkig, daß es überhaupt nichts nützt, mir zu sagen: Ich liebe mich dafür, daß ich ihn hasse.“

Also ist Liebe doch kein verläßlicher Weg zu einem erfolgreichen, harmonischen, glücklichen Leben? Oder woran liegt es, daß nicht alle dieselbe Veränderung erfahren?

Aus meiner Sicht gibt es nur einen Grund dafür, wenn du keine Veränderung erfährst: Du bist

nicht auf die Liebe, sondern auf etwas anderes fixiert. Zum Beispiel darauf, daß sich deine Gefühle verändern. Oder deine Lebensumstände. Doch so funktioniert es einfach nicht.

Kennst du die magischen 3D-Bilder? Sie sehen auf den ersten Blick aus wie eine Anhäufung von Mustern, Formen und Farben. Wenn man aber die richtige Blicktechnik beherrscht, verwandeln sich diese Bilder in faszinierende 3D-Welten. Und sobald man erst einmal weiß, wie's geht, ist man von dieser Kunstform total fasziniert.

Wie funktioniert diese spezielle Blicktechnik? Zunächst entspannt man sich. Dann schaut man auf das Bild und tut so, als würde man durch das Bild hindurchschauen. Das Bild erscheint nun ziemlich unscharf und verschwommen. In diesem Zustand gilt es etwas zu verweilen und vor allem zu entkrampfen. Nun merkt man mit der Zeit, daß sich in dem Muster eine Form bildet. Jetzt kann man langsam versuchen, das Bild „scharf zu ziehen" – natürlich soll dies unverkrampft und locker geschehen. Plötzlich sieht man die 3D-Welt in ihrer vollen Pracht. Probiere es doch gleich einmal aus und betrachte das Bild auf Seite 145 (bitte um 90 Grad drehen).

Hast du es bemerkt? Man kann in die 3D-Welt des Bildes nur dann eindringen, wenn man aufhört, sie um jeden Preis sehen zu WOLLEN. Denn genau das ist es, was dich verkrampft. Läßt du deinen Blick hingegen einfach nur auf dem Bild ruhen, bis es vor deinen Augen verschwimmt, bist du plötzlich wie durch Magie in einer dreidimensionalen Welt.

Vom Prinzip her verhält es sich genauso mit der Methode, alles zu lieben. Bist du auf das ERGEBNIS fixiert, bleibt alles so, wie es ist. Weder deine Gefühle noch deine Lebensumstände ändern sich auch nur einen Deut. Dein Geist vermag SO einfach nicht in diese Dimension einzudringen. Wenn du dich jedoch in der Liebe entspannst, wenn du dich nicht mehr anstrengst, Liebe zu fühlen oder sie auf Teufel komm raus in deinen Lebensumständen zu erfahren, dann bist du plötzlich mittendrin, und eine völlig neue Welt tut sich vor dir auf.

Sei also nicht so ungeduldig mit dir. Manchmal bedarf es einfach der Übung, um in die magische AGAPE-Welt einzudringen. Wenn du den Trick erst einmal raus hast, der es dir möglich macht, deinen konditionierten Verstand zu überlisten, wirst du dieselbe Erfahrung machen wie jene, die darin etwas schneller als du sind.

Jogging in love

Einer der schnellsten, effizientesten „Aus-dem-Stand-in-Liebe-Bringer“ besteht darin, dir ab und zu eine halbe Stunde Zeit für „Jogging in love“ zu nehmen – oder für „Walking in love“, falls du diese Sportart bevorzugst. Die Kombination aus körperlichem und geistigem Training bringt den Supereffekt.

Schon 20 Minuten Walking oder Jogging am Tag bringen den Stoffwechsel wieder in Schwung. Kein Wunder: Beim Laufen oder schnellen Gehen werden 70 Prozent der gesamten Muskulatur bewegt.

Muskeln, die arbeiten, benötigen Energie und Sauerstoff. Die Energie, die der Körper hierfür benötigt, bezieht er auf zwei unterschiedlichen Wegen: Ist die Belastung gering, verbrennt der Körper Zucker mit Hilfe von Sauerstoff (aerobe Atmung). Bei langsamen, kurzen Strecken reicht dieser Stoffwechsel aus, um genügend Energie zu gewinnen. „Bewegt man sich länger, kommt nach 20 bis 40 Minuten die Fettverbrennung mit ins Spiel“, sagt Klaus Pfeifer, Sportwissenschaftler an der Universität Frankfurt. Läuft man schneller, reicht die aerobe Energiegewinnung nicht mehr aus. Der Körper baut Kohlehydrate ohne Mithilfe von Sauerstoff in Energie um (anaerobe Atmung). Dabei wird auch Milchsäure gebildet. Die Folge: Die Muskeln übersäuern, die Beine werden schwer. Auf die Fettreserven wird hierbei nicht zurückgegriffen.

Unregelmäßiges Training zwingt den Körper, sich immer wieder von neuem auf Belastung einzustellen. Liegt zwischen den Trainingseinheiten etwa eine Woche, fällt der Körper in die Ausgangslage zurück, das heißt, der Trainingseffekt verpufft. Dennoch ist es besser, selten als nie zu laufen.

Ist der Körper trainiert, transportiert die Lunge mehr Sauerstoff zum Herzen. Langfristig – aber nur nach langem, intensivem Training – kann sich sogar das Herzvolumen vergrößern. Es pumpt dadurch noch mehr Blut durch den Körper. Die Zahl der roten Blutkörperchen, die für den Sauerstofftransport zuständig sind, nimmt ebenfalls zu. Das macht sich auch im Gehirn bemerkbar: Da es wesentlich besser mit Sauerstoff versorgt wird, sind Jogger, die regelmäßig laufen, wacher und aufmerksamer.

Wenn nun dem gesteigertem Schwingungsniveau deiner Körperzellen und Körperorgane noch **Liebe** hinzugefügt wird, wirst du dich anschließend nicht nur körperlich, sondern auch geistig und emotional gestärkt und hochmotiviert fühlen.

Während du beim Joggen rhythmisch und regelmäßig einen Fuß vor den anderen setzt, beginnst du einfach damit, allem, was auf dem Weg in dein Blickfeld gerät, halblaut und mit Gefühl deine Liebe zu bekennen – dem Weg, auf dem du gerade läufst, einem Stein, einer Pfütze, einem Baum, einer Blume, einem Reisighaufen am Wegesrand, Ackerkrumen, einem in der Ferne vorbeifahrenden Zug oder einem Auto, einem Strommast, einer Brücke, einem Bach, einem zwitschernden Vogel (den du vielleicht gar nicht siehst). Unterscheide nicht zwischen Dingen, die du als schön oder häßlich bewertest. Mach einfach allem ein gefühlvolles Liebesbekenntnis. Sprich es in einer Gefühls- und Tonlage aus, als würdest du zu deinem Partner oder irgendeinem anderen Objekt deiner Liebe „Ich liebe dich" sagen. Achte nicht darauf, ob du es wirklich so meinst. Sprich es einfach so aus, als würdest du das jeweilige Objekt am Wegesrand tatsächlich von ganzem Herzen lieben. Nicht lange, und du wirst es dann wirklich fühlen. Streng dich nicht an, das Gefühl kommt ganz von allein. Und wenn es erst einmal da ist, wirst du deine Liebesbekenntnisse mit noch mehr Gefühl aussprechen. Vielleicht wirst du dich dabei sogar wie neugeboren fühlen.

Nun magst du denken: „Ist das nicht eine Art Selbsthypnose?“ Nein, ist es nicht. Es ist Selbstrealisation. Was meine ich damit?

Wir alle sind essentiell Wesen der Liebe. Liebe ist unsere wahre Natur. Und nicht nur das: Alles, die ganze Welt, ist essentiell Liebe. Nicht nur das, was uns schön zu sein scheint, nein, auch das, was wir als häßlich bewerten. Was uns oftmals fehlt, ist der „Durchblick“, oder anders gesagt: Wir sind nicht eins mit der Essenz allen Seins. Statt dessen kleben wir an der Erscheinungswelt fest, die wir aufgrund der Alltagsroutine als nichts Besonders und als „gewöhnlich“ betrachten. Ein Baum ist eben ein Baum, ein Stein ist ein Stein, ein Weg ist ein Weg, ein Strommast ein Strommast, ein Vogel ein Vogel, nicht mehr. Was sollte daran außergewöhnlich sein?

Als ich ein Kind war, hatte ich einmal in der Schule beim Betrachten eines Bildes im Lesebuch das folgende schöne Erlebnis: Zunächst war da ein See. Ein zugefrorener See. Dann die Landschaft rings um den See: Märchenhaft verschneite Hügel und Täler. Schneebedeckte Bäume und Sträucher. Schneebedeckte Dächer von Häusern, aus deren Kaminen kräuselnder Rauch in den stahlblauen, wolkenlosen Himmel aufstieg. In einem der Gärten, deren Zaunlatten wattebauschartig Schneehauben krönten, stand ein Schneemann mit einem Zylinder auf dem kugelrunden Kopf, eine lange Mohrrübe bildete die Nase, zerstückelte Kohlen die Augen und den lachenden Mund. Auf dem zugefrorenen See tummelten sich schlittschuhlaufende Kinder mit farbigen Mützen, rot, grün und gelb, allein, in Gruppen, zu zweit, Hand in Hand.

Je mehr ich in das Lesebuchbild eintauchte, desto stärker erfüllte mich ein unbeschreibliches Glück, das mir aus dem Bild entgegenströmte. Eine Woge unendlicher Freude, Frieden – ein geradezu paradiesischer Zustand erfaßte mich. Das Bild wurde für mich zu einer magischen Tür in eine Welt voller Gleichklang und Harmonie, in der der Tod keine Macht hatte.

Warum der Tod keine Macht hatte? Weil es keine Bewegung, keine Zeit, weder Vergangenheit noch Zukunft, auf dem Bild gab. Weil alles so blieb, wie es war. Der Schnee auf dem Bild, er würde nicht schmelzen und sich in traurig-schmutzige Pfützen verwandeln. Diese friedlichen, schneebedeckten Täler und Hügel würden niemals aus ihrem winterlichen Tiefschlaf aufgeschreckt werden. Das Eis auf dem See, es würde nie reißen, nie brechen, würde die glücklichen, schlittschuhlaufenden Kinder niemals dem eiskalten Wasser preisgeben. Diese Häuser mit den rauchenden Kaminen würden ihre Gemütlichkeit niemals verlieren. Und die strahlende Sonne am stahlblauen Himmel würde niemals bewirken, daß dem mühsam erbauten Schneemann im Garten die lustige Mohrrübennase aus dem Gesicht fiel, bevor er, beständig unförmiger werdend, als Schmelzwasser in den biologischen Kreislauf der Erde zurückkehren würde.

Auf geheimnisvolle Weise empfing das Bild den Atem des Lebens, in meiner Seele wurde es realer für mich als die Klasse, das Zimmer, die hölzerne harte Bank. Es war nicht etwa so, als hätte ich meine Umgebung vergessen. Ich war mir meiner Umgebung durchaus noch bewußt, wenn auch nicht sonderlich stark. Und dennoch war mir, als gewönne das Bild in dem Buch weit größere Realität als die Klasse, das Zimmer und die hölzerne Bank.

Was war damals mit mir geschehen? Durch dieses Bild hatte ich die Essenz allen Lebens – AGAPE, die Liebe – berührt, unbewußt und wahrscheinlich deshalb, weil Kinder noch nicht so daran gewöhnt sind, die Erscheinungen dieser

Welt nur von ihrer Außenseite zu sehen. Denn Kinder können sich viel mehr als Erwachsene auf die magische AGAPE-Welt einlassen, auf die Essenz, die alles trägt und erschafft.

Daher ist das Aussprechen von Liebesbekenntnissen keine Selbsthypnose, sondern lediglich eine Übung zur bewußten Erinnerung an die Essenz aller Erscheinungen. Alles ist Liebe, und nur, weil wir das nicht realisieren, sehen wir die Welt Grau in Grau. Nein, es ist kein Trancezustand, wenn wir durch **Jogging (oder Walking) in love** unsere Schwingung erhöhen. Im Gegenteil: Wir durchbrechen dadurch den Trancezustand unseres konditionierten Verstandes, der uns oftmals auf einer niedrigen Schwingungsebene festhält und uns daher vorgaukeln kann, die Welt sei nur das, was wir an ihrer Außenseite wahrnehmen.

In Wirklichkeit ist alles Liebe, auch du! Das hast du nur im alltäglichen Leben mit all seinen Reibungen und Widrigkeiten vergessen. Durch Jogging (oder Walking) in love schwingst du dich wieder auf deinen „Normalzustand“ ein. Probiere es aus. Dann wirst du wieder wie ein Kind lachen und mit offenem Mund staunen können über die magischen Wunder des Lebens.

Außerhalb mittendrin

Viele Menschen, denen ich das AGAPE-Konzept präsentiere, sind der Meinung, sie müßten sich, um Liebende zu werden, in ihrem Denken und Verhalten vollständig ändern. Doch das ist ein Trugschluß. Wer sich darin übt, in der Schwingung der Liebe zu bleiben, verändert nur EINES in seinem Leben: **Die Ebene, auf der er schwingt**. Mehr tut er nicht.

Wenn du bestimmte Situationen oder Menschen nicht sonderlich magst, wirst du für dieselben nicht plötzlich unermeßlich hehre Gefühle der Liebe empfinden. An deiner Antipathie verändert sich nichts, und doch wirst du sie ANDERS erleben, weil du sie auf der Schwingungsebene der Liebe erfährst. Das ist dann so ähnlich, als würdest du eine Stadt vom Gipfel eines Berges aus betrachten statt aus der Perspektive eines Passanten in der Fußgängerzone. Was sich durch die Liebe vor allem verändert, ist deine Perspektive, nicht die Realität an sich.

Du wirst kein abgehobener Strahlemann werden. Du bleibst vielmehr ein normaler Mensch mit Stärken und Schwächen. Dir werden weiterhin Fehler unterlaufen, privat und beruflich. Du wirst weiterhin Ärger empfinden, wenn du wegen geringer Überschreitung der Parkzeit 10 Euro bezahlen mußt. Es wird weiterhin Zeiten geben, in denen Langeweile aufkommt. In Situationen, die dich blockieren oder ärgern, wirst du weiterhin traurig sein. Du wirst weiterhin streiten und dich beschweren, wenn dir in deiner Partnerschaft oder im Kollegenkreis etwas nicht paßt. Du kannst nicht damit rechnen, keine Sehnsucht nach angenehmeren Lebensumständen mehr zu empfinden und den Kontext, in dem du dich gerade befindest, nie mehr zu verfluchen. Und doch wird sich etwas Entscheidendes ändern: In all dem, was dir als unerfreulich oder ungünstig erscheint, wirst du die Schwingungsebene der Liebe kaum mehr verlassen.

Um zu erklären, wie dieser scheinbar paradoxe Zustand zu deiner subjektiven Erfahrung wird, mag uns ein weiteres Beispiel helfen. Jedes Rad hat ein Zentrum, die Nabe. Obwohl sie sich mit dem Rad dreht, bleibt sie, was ihre Position betrifft, immer sein „unbewegliches" innerstes Zentrum. Die Speichen sind einmal unten, dann wieder oben, das Zentrum jedoch bleibt unverrückbar die Mitte des Rades.

Die Schwingungsebene der Liebe ist nicht nur das Zentrum deiner selbst, sie ist das Zentrum der Welt. Solange du dich in der Welt „bewegst“, wirst du dich wie die Speichen des Rades abwechselnd einmal unten, dann wieder oben befinden. Bist du aber in die Schwingung der Liebe verliebt, verankert sie dich im Kern deines Wesens, und somit wirst du das Unten und Oben in deinem Erleben jeweils aus der Position der Nabe erfahren. Keine Bewegung des Lebensrades wird dich da noch über einen längeren Zeitraum herausholen können.

Das ist eine Erfahrung, die ich gerne als „außerhalb mittendrin“ bezeichne. Wie zuvor bist du in allem vollständig „drin“, gleichzeitig jedoch bist du außerhalb davon und siehst von dort aus wie ein Beobachter zu. Du bist sozusagen Speiche und Nabe zugleich. Weil du das Erleben als Nabe jedoch mehr liebst als das Erleben der Speichen, bewegst du dich, während du einmal ihr Unten-, dann wieder ihr Obensein erfährst, kaum mehr aus der Nabe heraus. Und weil das so ist, bleibst du, während du das gesamte Erlebnisspektrum deiner menschlichen Existenz mit allen Höhen und Tiefen erfährst, in der immer konstanten Schwingung der Liebe.

Deshalb wirst du negative Ereignisse (wenn du gerade einmal „unten“ bist), meistens gar nicht mehr zu verändern versuchen. Als Nabe drehst du dich einfach **ohne Widerstand** mit deinen Speichen, weil sich deine zentrale Position ohnehin nie verändert.

Nur wenn du in deiner „Nabenerfahrung“ noch nicht konstant bist, wirst du zu verhindern versuchen, daß sich deine Speichen im Lebensrad von oben nach unten drehen. Dazu müßtest du auf die Bremse treten, und dann käme dein Lebensrad zum Stillstand. Das Resultat wäre Stagnation und daraufhin Frustration. Oder du wirst alles tun, um möglichst schnell vom Tiefpunkt wieder nach oben zu kommen. Dann wirst du wie ein Irrer in die Pedale treten, und das Ergebnis wären Hektik und Streß. Genau die mißlichen Zustände also, die viele Menschen beklagen. Kein Wunder, denn anstatt sich darin zu üben, Konstanz in ihre Nebenerfahrung zu bringen, tun sie alles, um ihre Speichen oben zu halten oder nach oben zu bringen. Vergebliche Liebesmüh, kann man dazu nur sagen, denn solange sich dein Lebensrad dreht, wirst du abwechselnd beide Zustände – oben und unten – erleben.

Die Schwingung der Liebe kannst du zu jedem Zeitpunkt erfahren. Und wenn du sie erfährst, wird zwar all das, was dich bedrückt, erbost, verbittert, enttäuscht oder ängstigt, gegenwärtig sein, aber es wird dich nicht mehr aus dem Gleichgewicht bringen. Es vermag dich, mit anderen Worten, nicht mehr durcheinanderzuwirbeln, so daß du nicht mehr weißt, wo dir der Kopf steht. Die Nabe bleibt immer im Zentrum, ganz egal, in welcher Position die Speichen sich befinden.

Wenn sich die Schwingung der Liebe in dir stabilisiert, wird selbst ein Streit, in den du gerätst, dich nicht mehr aus deinem Zentrum herausbringen können. Zorn wird da sein, natürlich, was sonst, aber dein liebender Wesenskern wird verhindern, daß dein Zorn Schaden anrichtet und Beziehungen zerstört. Trauer wird da sein, wenn man dich enttäuscht, was denn sonst, aber die Schwingung der Liebe wird dich davor bewahren, daß sie dich über Gebühr belastet oder gar in Depressionen stürzt. Angst wird da sein, wenn deine Existenz bedroht scheint, natürlich, was sonst, aber die Nabenerfahrung wird dich davor bewahren, daß sie zum Schreckgespenst wird und dich allenthalben aus heiterem Himmel befällt.

Liebe ist dein innerstes Zentrum, und wenn du dein Bewußtsein in ihr verankerst, wird alles, was dir widerfährt, zu einem Liebesbeweis. Du wirst alles mit den Augen der Liebe betrachten. Nicht weil du dich dazu zwingst, im Gegenteil, du wirst dazu gezwungen, von innen heraus. Selbst wenn sich etwas in dir dagegen auflehnt, ein bestimmtes Ereignis positiv zu bewerten – in der Schwingung der Liebe wird selbst Auflehnung zu einem Liebesbeweis, weil sie dir die Kraft gibt, mißliche Lebensumstände positiv zu verändern.

Wenn du mit der Übung, alles zu lieben, beginnst, wirst du dich höchstwahrscheinlich nur ab und zu in deinem Liebeszentrum befinden. Übst du dich aber beständig darin, werden sich die Zeiten in der „Nabenerfahrung" verlängern. Und schon bald wird der Zeitpunkt kommen, wo du nicht mehr bewußt üben mußt. Dein Gehirn stellt dir den Reflex „Ich bin Liebe" zur Verfügung, wann immer sich dein Bewußtsein in die „Speichenerfahrung" verwickelt. Blitzartig zieht es dich in die „Nabenerfahrung" zurück. Und irgendwann wirst du so konstant darin bleiben, so daß du dich richtig anstrengen müßtest, um dich aus deinem Zentrum herauszubewegen. Selbst wenn du es tust, nimmst du dein Zentrum sozusagen mit. Es würde dir auf Schritt und Tritt folgen. Selbst in die Hölle.

Die Maus im Laufrad

Hast du schon mal beobachtet, wie eine Maus im Laufrad rennt und rennt und rennt ... und sich dennoch keinen Schritt vorwärts (natürlich auch nicht rückwärts) bewegt? Genauso wirst du dein Leben betrachten, wenn du weißt, wer du wirklich bist. All mein Laufen, mein Rennen, mein Kämpfen und Streiten, mein Ehrgeiz, irgendein Ziel zu erreichen, auch die Freude, wenn ich es erreicht hatte, auch der Frust, wenn ich es nicht erreicht hatte, all das spielte sich im Hier und Jetzt ab und brachte mich keinen, aber auch nicht einen Schritt weiter zu mir hin oder von mir weg. Wenn du das einmal erkannt hast, wirst du wahrscheinlich lauthals lachen. Nicht deshalb, weil du gerannt bist, sondern weil du tatsächlich geglaubt hast, durchs Rennen „weiterzukommen".

Ich möchte dich weiß Gott nicht dazu bringen, nur noch zu lachen und nicht mehr zu laufen. Laufen ist schließlich ebenso gesund und macht ebenso viel Spaß wie das Lachen. Ich möchte dir lediglich zu der Klarheit verhelfen, daß du schon am Ziel bist, hier und jetzt, in diesem Moment, und daß du keinen einzigen Schritt machen mußt und machen kannst, um etwas zu erreichen, was du nicht schon in diesem Augenblick bist. Nach diesem „Klarheitsgewinn“ wirst du zweifellos wieder zu laufen beginnen. Doch nun wirst du nie mehr daran zweifeln, daß du durch dein Laufen nirgendwo anders ankommen wirst als dort, wo du schon immer bist.

Du kannst dir weiterhin Ziele stecken. „Heute hab ich Lust, mal 20 Kilometer am Stück zu laufen! Und in zehn Jahren möchte ich eine Strecke zurückgelegt haben, die einer Erdumrundung entspricht.“ Nichts spricht gegen Zielsetzungen, auch nicht gegen ehrgeizige. Im Gegenteil: Wenn's dir Spaß macht, investiere all deine Energie, um in dieser Welt etwas auf die Beine zu stellen. Solange du aber glaubst, das Erreichen deiner Ziele könnte dich auch nur einen Schritt weiter zu dir selbst bringen, bist du auf dem Holzweg.

Wie die Maus im Laufrad kommt niemand von uns von der Stelle! Das ist jedoch nicht etwa ein Nachteil. Denn was immer du verändern kannst, wird wieder vergehen. Egal wie groß dein Erfolg ist. Egal wie oft du versagst! Bestand hat nur, was unveränderlich ist.

Was aber ist unveränderlich? In dieser Welt nichts. Das Laufrad der Welt ist ständig in Bewegung. Alles wandelt, verändert sich andauernd und unaufhaltsam in ihr. Nur das, was schon immer ist, hat sich noch niemals verändert.

Aber was ist schon immer? Was existiert ohne Anfang und Ende? Was wurde nie geboren und ist unzerstörbar? Es spielt keine Rolle, wie wir es nennen: Gott, Tao, Brahman, etc. Denn gemeint haben die Erfinder dieser Begriffe dasselbe, nämlich DAS, was weder Anfang noch Ende besitzt. DAS, was die Welt im Innersten ausmacht.

Alles Veränderliche hat seine Quelle in dem, was unveränderlich ist. Natürlich auch wir. Unser Ursprung und unsere Essenz ist DAS, was wie ein

KREIS 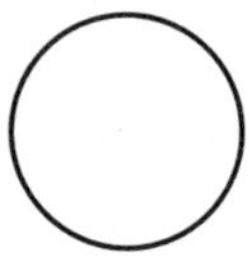

weder Anfang noch Ende besitzt. DAS sind wir wirklich. Das ist unser Sein. Unsichtbar zwar, aber dennoch real. Auch Elektrizität hat noch niemand gesehen. Doch an ihrer Existenz kann nicht der geringste Zweifel bestehen.

Was folgt aus dem Bewußtsein, daß du essentiell unveränderlich bist? Daß du das, was sich andauernd verändert, nicht sein kannst und natürlich nicht bist! Das Spiel des Lebens, das

Laufen im Laufrad hat uns dermaßen absorbiert, daß wir darüber vergessen haben, wer wir wirklich sind.

Also, sag mir, was gibt's jetzt noch zu tun, um ans „Ziel" zu gelangen? Wohin du auch gehst, in Wahrheit bist du schon angekommen. Was auch immer du erlebst, ob du schläfst oder wachst, glücklich bist oder traurig, du bleibst, was du schon immer warst. Du kannst einfach nichts anderes sein.

Wenn dir das jetzt noch **unklar** sein sollte: überhaupt kein Problem. Du bist dennoch am Ziel. Das hast du nur vergessen. Und nun willst du dich offenbar wieder daran erinnern, sonst würdest du diese Worte nicht lesen. Selbst wenn deine Erinnerung vielleicht erst ganz schwach ist, ist es ein Anfang. Mit der Zeit wird das Pflänzchen wachsen. Doch dazu ist Pflege notwendig. Pflege bedeutet: Erinnere dich immer wieder daran. Laß nicht zu, daß die Sorgen und Probleme des alltäglichen Lebens das Pflänzchen erdrükken, denn nur wenn die Erinnerung wächst, kann sie zur Klarheit reifen.

Alle nachfolgenden Kapitel wurden nur deshalb geschrieben, um dich an dich selbst zu erinnern...

Die Sprache der Liebe

Was auch immer du siehst, hörst, schmeckst, riechst oder tastest, erscheint zwar in deinem Bewußtsein, aber es **ist** nicht dein Bewußtsein. Das ist so wie mit dem Meer, in dem Fische schwimmen, was jedoch nicht bedeutet, daß die Fische das Meer sind. Wenn du das erkennst, kannst du alles, was geschieht, **wahrnehmen**, ohne dich damit zu identifizieren. Und aus dieser neuen Wahrnehmung heraus entsteht automatisch eine andere Sprache. Ich nenne sie „die Sprache der Liebe".

Normalerweise sagen wir: **Ich** bin glücklich, begeistert, euphorisch, friedvoll, entspannt. Oder wir sagen: **Ich** bin traurig, wütend, neidisch, deprimiert, ängstlich, schlecht drauf, gelangweilt etc. All das sind Formulierungen, die völlig außer acht lassen, daß unser ICH, unsere wahre Natur, mit all diesen Gefühlen und Erlebnissen nur insofern zu tun hat, als sie in unserem Bewußtsein **erscheinen**. Die Dinge erscheinen, sind aber nicht ICH. ICH nehme nur wahr, was geschieht.

Natürlich kannst du diese Sprache nicht in deiner externen Kommunikation verwenden. Deine Bekannten, Kollegen und Freunde würden glauben, du wärst übergeschnappt, wenn du in einem Streitgespräch sagst: „Ich nehme wahr, daß Wut auf dich da ist!" Oder wenn du bis über beide Ohren verliebt bist: „Ich nehme gerade wahr, daß sich zwischen uns die große Liebe ereignet!" Aber in deiner „internen" Kommunikation ist diese Sprache außerordentlich nützlich.

Es ist falsch, wenn wir meinen, Sprache sei Ausdruck der Realität. Nein, Sprache **verleiht** den Dingen erst Realität. Würden wir nicht sagen: „Ich bin wütend", sondern: „Ich nehme Wut wahr", würden wir die Wut viel eher betrachten können, statt von ihr vereinnahmt zu werden.

Von Kindesbeinen an glauben wir, daß alles, was wir **innerhalb** unseres Geistes und Körpers erleben, zu unserem ICH gehört. Alles, was wir **außerhalb** unseres Geistes und Körpers erleben, betrachten wir als **nicht zu unserem ICH** gehörend. Wir unterscheiden also zwischen Ich und Nicht-Ich. Doch wer sagt uns, daß diese Betrachtungsweise die einzig mögliche ist? In Wirklichkeit ist es nur unsere Sprache, die uns die Dinge in **innen** und **außen** aufteilen läßt. Oder brauchen wir die **äußere** Luft nicht ebenso zum Überleben wie unsere **innere** Lunge? Brauchen wir **äußere** Speise und Trank nicht ebenso wie unsere **inneren** Verdauungsorgane? Brauchen wir die **äuße-**

re Sonne nicht ebenso wie unsere **innere** Betriebstemperatur? Wir könnten ohne die Atmosphäre „außerhalb von uns" ebenso wenig existieren wie ohne die Lebensenergie „innerhalb von uns". Dennoch unterscheiden wir zwischen Ich und Nicht-Ich. Warum? Aufgrund unserer Sprache. Sprache hat uns diese Grenzen gesetzt.

Die Unterscheidung zwischen Ich und Nicht-Ich ist durchaus von Vorteil, besonders, was unser praktisches Leben betrifft, ja sie macht es überhaupt erst möglich. Deshalb lehren wir unsere Kinder, zwischen Ich und Nicht-Ich zu unterscheiden – beispielsweise zwischen sich selbst und der Mutter, was sie zu Anfang nicht können. Verläßt die Mutter den Raum, beginnt das Baby zu weinen. Nicht etwa, weil es nörgelig ist, sondern weil es die Mutter als Teil von sich selbst empfindet und sich „selbstverlassen" fühlt. Erst wenn ihm mit zunehmendem Alter über den Verstand klar wird, daß die Mutter ein eigenständiges Wesen ist, das sich von ihm unterscheidet, wird das Kind nicht jedesmal weinen, wenn es ihre Nähe vermißt.

Stell dir nur einmal vor, wir könnten nicht zwischen „mein" und „dein" unterscheiden. Dann würden wir sicher kein schlechtes Gewissen haben, uns den Geldbeutel eines anderen unter den

Nagel zu reißen oder eine Bank auszurauben. Was für ein Chaos! Daher ist unser Unterscheidungsvermögen im Miteinander des täglichen Lebens unerläßlich.

Gleichzeitig jedoch bringt das Unterscheidungsvermögen auch ungeheure Nachteile mit sich, und zwar immer dann, wenn wir meinen, es definiere die Realität. Realität ist, daß alles im Kosmos voneinander abhängt und nichts ohne das andere existent sein kann. Die illusorische Unterscheidung zwischen Ich und Nicht-Ich dient uns nur als eine Art Landkarte auf unserem Weg durch die Welt. Doch so wie eine Landkarte nicht die Realität selbst ist, sondern nur ein Hilfsmittel, um uns in ihr zurechtzufinden, dient auch die Unterscheidung zwischen Ich und Nicht-Ich nur unserer Orientierung im täglichen Miteinander.

Wird die fürs Überleben **notwendige Differenzierung** zwischen uns und dem anderen jedoch zur **totalen Identifizierung** mit unserem Körper, unseren Gedanken, unseren Gefühlen, führt das zu dem Trugschluß, daß wir dies tatsächlich sind. Doch **ICH bin nicht**, was ich denke oder fühle. Was ich als „meine" Gedanken und „meine" Gefühle betrachte, ist mir lediglich **näher** als die Gedanken und Gefühle anderer Menschen.

Wer ist es denn überhaupt der, der sagt: „ICH bin (dies und das)?“ Wenn du dir diese Frage stellst, wirst du feststellen, daß das, was du ICH nennst, nicht identifizierbar ist. Oder anders gesagt: Du wirst den, der behauptet: ICH nehme die Welt wahr, nicht finden.

Ist der, der behauptet: „ICH nehme die Welt wahr!“ etwa dein Körper? BIST du tatsächlich der Körper? Oder HAST du nicht vielmehr einen Körper? Warum sprichst du von DEINEN Armen, DEINEN Händen, DEINEN Füßen etc., wenn du der Körper BIST? Wenn du tatsächlich der Körper WÄRST, könntest du von ihm nicht so sprechen, als HÄTTEST du lediglich Körperteile, die in ihrer Gesamtheit den Körper formen. Du kannst unmöglich SEIN, was du HAST! Sonst könntest du auch sagen: „Ich bin die Nahrung!“ Ohne Nahrung könntest du ebensowenig existieren wie ohne Körper. Nahrung ist jedoch zweifelsohne nur etwas, das du HAST und zu dir nimmst. Du BIST nicht die Nahrung. Und ebenso wenig kannst du der Körper sein.

„Ich denke, also bin ich“, behauptete der berühmte Philosoph René Descartes. Andersherum wird ein Schuh draus: Du bist, darum kannst du denken. Die Tatsache, daß du denken kannst, bedeutet nicht, daß du BIST, was du denkst. Oder würdest du behaupten wollen: ICH BIN meine Gedanken? Gedanken kommen und gehen, du aber bleibst. Deine Gedanken haben sich, seit du ein Kind warst, ständig verändert und verändern sich noch immer Tag für Tag. Du jedoch bist, obwohl sich auch deine äußere Gestalt verändert hat, der gleiche ICH BIN geblieben. Wer ist also der Denker deiner Gedanken? Wer ist der, der sagt: „ICH denke, also bin ich?" Merkst du's? Der ICH BIN versteckt sich wirklich außerordentlich gut!

Bist du vielleicht, was du fühlst? Gefühle sind uns ja näher als alles andere. Wenn du verliebst bist zum Beispiel, so richtig bis über beide Ohren, fühlst du dich manchmal beinahe körperlos und schwebst auf Wolke sieben auf und davon. Aber auch deine Gefühle verändern sich ständig. Während der Morgentoilette magst du noch wie eine Nachtigall vor dich hin trällern. Doch wenig später, wenn du im Stau steckst und zu spät zur Arbeit kommst, fühlst du dich nervös und verärgert. Daher: Kannst du tatsächlich sagen: ICH BIN, was ich fühle? ICH BIN „meine" Gefühle? Merkst du, wie unstimmig das klingt? Also bleibt noch immer die Frage: Wer ist der, der sagt: „Ich fühle ..."

Wenn du „ICH" sagst, heißt das: **ICH bin der Wahrnehmende**. Deine Gedanken, deine

Gefühle, dein Körper gehören zur Welt der Objekte. Nur weil sie dir **näher** sind als alle anderen Objekte, betrachtest du sie als ICH. Und wie wir bereits erkannt haben, ist das aus praktischen Gründen okay. In Wahrheit jedoch bist du das Subjekt, das alle Objekte einschließlich deiner Gedanken, deiner Gefühle und deines Körpers wahrnimmt. Manchmal nimmst du Traurigkeit wahr, dann wieder Freude. Beides bist du nicht. Du bist nur der, der beides wahrnimmt.

Deine wahre Natur – oder die Natur des Wahrnehmenden – ist AGAPE, die Liebe **ohne Objekt**. Zwar mußt du, um sie zu erfahren, zunächst so tun, als sei sie ein Objekt, und sie lieben, doch eigentlich ist das nur ein Trick, um zu realisieren, daß du schon AGAPE bist. An einem Beispiel wird dieser Kunstgriff vielleicht verständlicher.

Vor einiger Zeit saß ich mit einem anderen Fahrgast im Abteil eines noch am Bahnsteig stehenden Zuges. Er sah zum Fenster hinaus und rief plötzlich: „Endlich fahren wir los!" Ich hatte nicht aus dem Fenster gesehen und wußte daher, daß wir noch standen. Denn in Wahrheit war der Zug auf dem Nebengleis losgefahren. Ich bat ihn: „Schauen Sie doch mal zu mir her!" Er tat es und wurde **ent-täuscht**. Im wahrsten Sinne des Wortes, denn er war lediglich einer Täuschung unterlegen. Sein Blick auf die andere Seite des Abteils hatte nicht etwa den Zug zum Stehen gebracht. Doch erst durch diesen Perspektivenwechsel konnte er realisieren, daß er tatsächlich noch stand und der Zug auf dem Nebengleis abgefahren war. Denselben Kunstgriff wenden wir an, wenn wir die Liebe ohne Objekt lieben. Wir sind bereits Liebe, doch erst, wenn wir unsere Perspektive verändern und lieben, wird uns dies bewußt. Deshalb weise ich immer wieder darauf hin, nicht nach Liebesgefühlen Ausschau zu halten und zu glauben, du wärst nur dann Liebe, wenn du sie fühlst. Denn wenn du etwas außerhalb von dir suchst, befindest du dich automatisch in der Welt der Objekte, zu der deine Gefühle und deine Gedanken ebenso gehören wie dein Körper. AGAPE jedoch ist, was du als ICH bezeichnest. Und ICH nehme immer nur wahr, was sich gerade ereignet.

Nehmen wir einmal an, man hat dich enttäuscht: Eine angekündigte Gehaltserhöhung wird zurückgenommen. Dein Arbeitgeber kündigt dir aus betriebsbedingten Gründen. Das zweiundfünzigste Bewerbungsschreiben bleibt erfolglos. Ein Versprechen, das man dir gab, wird nicht eingelöst. Du erfährst, daß eine Person deines Vertrauens hinter deinem Rücken schlecht über dich redet. Und was es sonst noch an kleinen und großen Enttäuschungen gibt.

Mein Tip: Nutze jede Enttäuschung zur Enttäuschung! Der Ent-täuschung davon, jemals etwas anderes als der „liebende Beobachter“ dessen zu sein, was du erlebst. Unsere konditionierte Reaktion führt uns immer dazu, uns mit dem, was uns widerfährt, zu identifizieren: ICH bin wütend! Oder: ICH bin niedergeschlagen. Oder: ICH habe Angst! Und wenn sich ein „innerer Dialog“ mit der Person, die uns enttäuscht hat, entwickelt, dann klage ICH den anderen an: „Wie konntest du MIR (wie konnte MAN mir) das nur antun?!“ Du weißt aus eigener Erfahrung, was dabei herauskommt: Dein Inneres wird zu einem Kriegsschauplatz, auf dem du vor allem dich selbst verletzt und verwundest. Manche Menschen führen diesen „inneren“ Krieg jahrelang. Sie können einfach nicht vergessen, was man ihnen angetan hat. Nichts raubt uns mehr Energie und Lebensfreude. Und auf Dauer macht es uns krank.

Wie würdest du reagieren, wenn du die Sprache der Liebe beherrschtest? Du würdest weder deine Enttäuschung noch den wütenden inneren Dialog unterdrücken. Auch **dein** Inneres würde für kurze Zeit zu einem Kriegsschauplatz werden.

Doch DU würdest währenddessen der „liebende Beobachter“ sein. Ähnlich vielleicht wie ein Reporter, der nur deshalb am Kriegsschauplatz ist, um aus neutraler Position heraus über die verfeindeten Parteien berichten zu können. Er ist in die Kampfhandlungen nicht involviert, er schaut ihnen nur zu.

Ganz ähnlich wird es dir ergehen, wenn du in deiner internen Kommunikation die Sprache der Liebe einsetzt. DU wirst „neben“ deinem wütenden, ängstlichen, traurigen „kleinen Ich“ stehen und Mitgefühl für es empfinden. DU wirst nur „dabei sein“, wenn es seinen wütenden inneren Dialog mit der Person führt, durch die es enttäuscht wurde. DU wirst ihm nur „zuhören“, wenn es sie beschimpft und für seine unverständliche Handlung verantwortlich macht und verurteilt.

Denke nicht, diese Übung sei schwer! Sie wäre nur dann schwer, wenn du nicht schon der liebende Beobachter wärst! Du bist es aber schon jetzt, in diesem Moment. Nur ist dir das vielleicht noch nicht bewußt, weil du dich total mit deinem Körper, deinen Gedanken, deinen Gefühlen, deinen Erlebnissen identifizierst. Bisher hast du gedacht: „Das geschieht **mir**!“ Doch wie wir gemeinsam festgestellt haben, bist **DU** lediglich der

Wahrnehmende all dessen, was geschieht! Du bist AGAPE, das Subjekt, das alle Objekte wahrnimmt. Und zu diesen Objekten gehören auch deine Gedanken, deine Gefühle, dein Körper. Denke daran: Diese Objekte sind dir lediglich von allen anderen Objekten am nächsten.

Wenn du deine Sprache in deiner internen Kommunikation auf die Realität der Liebe einstellst, wirst du dich weit weniger schnell mit deinen Gedanken, Gefühlen und Erlebnissen identifizieren, als dies vorher der Fall war. Und das wiederum verleiht dir die Fähigkeit, wesentlich unabhängiger von ihnen zu werden. Wenn du also einmal keine Liebe fühlst, sondern Ent-täuschung erlebst, **nimmst du einfach wahr**, daß du Ent-täuschung erlebst. Und wenn du ein anderes Mal etwas erlebst, das dich mit dem Gefühl der Liebe erfüllt, wirst du dies zwar wie vorher voll und ganz genießen, dich jedoch nicht so total mit diesem Gefühl identifizieren, daß du dann, wenn es in seiner Intensität abflaut oder sich gar in Traurigkeit verwandelt, am Boden zerstört bist.

DU bist nicht du

Vielleicht wurde dir noch immer nicht recht bewußt, daß DU dich von der Person, als die du dich betrachtest – die du also meinst, wenn du Ich sagst –, grundlegend unterscheidest. Wenn das so sein sollte, empfehle ich dir folgende Übung: Stell dich bitte einmal vor einen Spiegel, sieh dir in die Augen und sage der Person, die sich widerspiegelt: „Ich liebe dich!" Und zwar von Herzen. Von ganzem Herzen. Nimm dir ein wenig Zeit dafür, wiederhole dein Liebesbekenntnis ein paarmal, und achte dabei auf die emotionale Reaktion in deinem Inneren.

Wundere dich nicht, wenn dir das Liebesbekenntnis dir selbst gegenüber nicht sonderlich leicht, sondern vielleicht sogar ziemlich schwer fällt. Wundere dich auch nicht, wenn du statt Akzeptanz oder Liebe Gleichgültigkeit oder vielleicht sogar Ablehnung in dir wahrnimmst. Vielleicht bemerkst du während dieser Übung zum ersten Mal in deinem Leben, daß es dir schwerer fällt, dir zu bekennen, daß du dich liebst, als einer anderen Person zu bekennen, daß du sie liebst. Es kann sogar sein, daß du dir bei dieser Übung plötzlich wie ein Fremder vorkommst, wie jemand ganz anderes, wie eine ANDERE Person. Vielleicht wird den Männern unter meinen Lesern bei dieser Übung bewußt, daß der lustige Spruch: „Ich kenn dich zwar nicht, aber ich rasier dich trotzdem!“ gar nicht so weit hergeholt ist. Mach bitte die Übung, sonst wirst du mir wahrscheinlich nicht glauben.

Wir sind dermaßen daran gewöhnt, uns mit unserem Körper zu identifizieren, daß es uns mitunter schockiert, wenn wir während der Spiegel-Übung erkennen, wie fremd wir uns in Wahrheit sind. Die Spiegel-Übung kann dir jedoch offenbaren, daß DU dich tatsächlich von der Person unterscheidest, von der du bisher ganz selbstverständlich als von dir gesprochen hast. Und doch: Selbst wenn du eine andere Person mehr lieben solltest als die Person, für die du dich hältst, ist dir dein Ich dennoch am nächsten. Nichts ist dir näher als deine Gedanken, deine Gefühle, dein Körper.

Wir **glauben** lediglich, daß wir uns (Körper und Geist) am meisten lieben. Doch das ist ein Trugschluß. Wir haben lediglich keine andere Wahl, als in dem Körper und mit den Gedanken und Gefühlen zu leben, die uns am nächsten sind. Wir können nicht heraus aus der Hülle, die uns umgibt. Wir sind sogar, unsere existentielle

Erfahrung betreffend, ganz und gar auf sie angewiesen. Es gibt keine Alternative. Stirbt diese Hülle, dann war's das! Unsere irdische Existenz ist beendet. Daher tun wir natürlich alles dafür, um ihr Überleben zu sichern. Aber das bedeutet noch längst nicht, daß wir unser Ich wirklich lieben.

Ich behaupte: Insbesondere der Egoist liebt sich nicht. Er sorgt lediglich dafür, daß es ihm besser geht als allen anderen, selbst wenn er dabei die Interessen und Bedürfnisse anderer Menschen mißachtet. Es ist jedoch sehr wohl möglich, daß der Egoist, obwohl er alles, was er tut, nur für sich selbst tut, sich für seinen Egoismus haßt oder schämt. Er möchte eigentlich gar nicht egoistisch sein, sieht aber keine Alternative, um seine Existenz abzusichern und sie optimal zu genießen. Wiederum ein Beweis dafür, daß DU dich von der Person, die du als Ich bezeichnest, unterscheidest. Wie sonst könnte es zu diesem Zwiespalt kommen? Wie sonst wäre es möglich, daß sich der Egoist für seinen Egoismus haßt oder schämt? Wer haßt oder schämt sich denn hier eigentlich FÜR WEN?

Wenn wir aber nicht sind, wer wir zu sein scheinen – wer sind wir dann wirklich? Es ist so einfach, daß wir es kaum für möglich halten, wenn wir zum ersten Mal mit **uns selbst** konfrontiert werden. Ob du deinen Körper im Spiegel betrachtest oder das Geschriebene auf dieser Buchseite: Du bist weder das eine, noch bist du das andere! **Beides nimmst du lediglich wahr.** Die Buchseite ebenso wie deinen Körper im Spiegel. Derjenige, welcher beides wahrnimmt, **DAS** BIST DU WIRKLICH! Das ist dein wahres ICH. Dein unzerstörbares Sein. DU hast DICH nur vergessen, weil du dich total mit deiner sterblichen Hülle und deinen vergänglichen Gedanken und Gefühlen identifiziert hast.

So wie die Natur des Wassers „Nässe" ist, ist die Natur des Wahrnehmenden „Liebe". Warum kannst du dann aber die „Person im Spiegel" möglicherweise nicht lieben? Nun, einfach deshalb, weil sie sich wie die Buchseite von „dir" unterscheidet. **Weil DU nicht du bist!** Die Person im Spiegel unterscheidet sich von DIR ebenso wie alles andere, was du wahrnimmst. Sie ist dir als Wahrnehmendem lediglich am nächsten. Wenn du morgens die Augen öffnest, begegnest du als erstes deinen Gedanken, deinen Gefühlen, deinem Körper. Und dann erst nimmst du durch deine Sinnesorgane die Außenwelt wahr.

Selbstrealisation findet statt, wenn du, während du alles wahrnimmst, was sich ereignet, einfach bei dir bleibst. Bei dir als dem liebenden Beobachter, der lediglich wahrnimmt, was sich durch die Sinnesorgane ereignet. Und wenn du dich als liebenden Beobachter wertschätzt, wenn du diesen Zustand genießt, wenn er dir schließlich mehr bedeutet als alles andere, wirst du natürlich positive Ereignisse weiterhin vorziehen, aber nicht mehr von ihnen abhängig sein. Deshalb kann ein Buddha ohne Besitz am Straßenrand sitzend lachen. Es ist wie es ist. Und er nimmt es wahr, fest verankert in seiner wahren Natur.

Deine Traumfigur im Spiel des Lebens

Viele Menschen haben die Filme *Matrix, eXistenZ, Avalon* oder *13. Floor. Abwärts in die Zukunft* gesehen. Wie jeder dieser Filme zeigt, wäre es zweifelsohne möglich, daß auch die Welt, in der wir leben, eine Art virtuelle Realität ist.

In dem Film *eXistenZ* von dem bekannten Regisseur David Cronenberg ist das virtuelle Spiel so programmiert, daß der Spieler beim Einloggen den Eindruck hat, sich als reale Persönlichkeit in einer ebenso real erscheinenden Welt zu befinden. In Wahrheit spielt sich das, was er erlebt, natürlich nur in seinem Bewußtsein ab. Das Spiel wird für ihn so real, daß er völlig vergißt, daß die Persönlichkeiten im Spiel virtuell, also Illusion sind. Und am Ende des Spiels weiß der Spieler nicht mehr: Ist das, was ich jetzt erfahre, denn immer noch virtuelle Realität oder DIE Realität?

Auch die schon etwa 800 v. Chr. entstandene Advaita-Vedanta-Lehre, die der deutsche Philosoph Arthur Schopenhauer für „die belohnendste und erhebendste Lektüre" hielt, betrachtet unsere Realität als eine Illusion, sie bedient sich lediglich eines anderen Sinnbilds. Im Kern sagt sie: Die

Welt ist eine Schöpfung der Täuschung *(Maya)*. Der Mensch glaubt sich verschieden von Brahman (absolutes Sein), lebt in einer Welt scheinbarer Vielheit und betrachtet sich selbst als separate Wesenheit. In Wahrheit ist alles Brahman, der die Welt träumt.

Kannst du während eines Traums sagen, daß er Illusion ist? Natürlich nicht! Im Gegenteil: Alles, was du im Traum erlebst, erscheint dir ebenso real, als wärst du wach! Bist du nicht schon schweißgebadet und am ganzen Leib zitternd erwacht, weil du dich bedroht gefühlt hast? Hast du nicht ebenso auch schon im Traum höchste Gefühle der Liebe und Freude genossen? Alles, was du erlebst, vermagst du auch zu träumen. Jedes Gefühl. Jede Erfahrung. Jede Situation. Von deiner Geburt bis zum Tod. Es wäre ohne weiteres denkbar, wieder in die Schule zu gehen, sechsjährig, achtjährig, zwölfjährig, mit einem Schulranzen auf dem Rücken, neben Dieter, deinem Schulfreund zu sitzen, während einer Mathematikarbeit von ihm abzuschreiben, die Angst zu erleben, wenn dich der Lehrer dabei erwischt und dir anschließend im Lehrerzimmer mitteilt, er werde einen blauen Brief an die Eltern schreiben. Ebenso möglich ist es natürlich, daß du dich in Adam oder Eva verliebst, mit ihm/ihr flirtest, und diese Schmetterlinge im Bauch spürst, ganz so, als würdest du diese Verliebtheit tatsächlich erleben. Du könntest in einer Vorlesung an der Uni sitzen und einem Dozenten zuhören, der über den Big Bang und die Evolutionstheorie referiert. Und was er lehrt, würde dir logisch erscheinen, obwohl er und seine Ausführungen nur in deiner Phantasie existieren. Es wäre denkbar, daß du arbeitslos wirst und verzweifelst, und ebenso wäre es möglich, daß du deinen Traumjob bekommst und dabei dieselbe Freude empfindest. Du könntest auch absurde Dinge erleben, beispielsweise daß sich Europa im Krieg mit den Vereinigten Staaten von Amerika befindet, weil irgendein vernagelter Präsident auf die verrückte Idee kommt, sein Land werde von dem Vereinten Europa angegriffen, obwohl dies natürlich nicht stimmt. Die Bundeswehr würde dich einziehen und du wärst gezwungen auf unsere Freunde, die Amerikaner zu schießen. Und du würdest es vermutlich auch tun, wenn auch nur, um zu überleben. Die Schüsse auf sie würden ihnen richtige Wunden zufügen, sie würden vor Schmerzen aufschreien und du würdest vielleicht Gewissenbisse erleiden und dir bittere Vorwürfe machen, den Dienst an der Waffe nicht verweigert zu haben. Aber ebenso gut ist es möglich, daß du im Traum eine steile Karriere als Wirtschaftsboß eines internationalen Unternehmens hinlegst, das dir ein Traumgehalt bezahlt. Im Traum können dir Mitarbeiter erscheinen, die für dich arbeiten, selbst einen eigenen Chauffeur kannst du dir im Traum leisten. Und keinen Moment würden Zweifel aufkommen, daß du tatsächlich der Boß bist. Vielmehr würdest du das Gefühl der Macht genießen und in deinen Privatjet einsteigen, um zu einer Konferenz nach Japan zu fliegen. Es wäre für dich ebenso normal sein wie du heute ins Auto einsteigst, um zur Arbeit in die Stadtmitte zu fahren.

Und nun frag dich: Wie ist es möglich, daß ich mich im Traum ebenso ernst nehme wie in der sogenannten Realität? Wie kann es sein, daß ich meine Gefühle ebenso wenig nach ihrer Echtheit hinterfrage wie in der sogenannten Wirklichkeit? Ist das, was ich als Traum bezeichne womöglich die Realität oder ist das, was ich Wachsein nenne, in Wahrheit ein Traum?

Beide Begriffe, sowohl „Traum“ als auch „virtuelle Realität“, sind lediglich Sinnbilder, die unserem Verstand helfen, eine Welt zu verstehen, die in jedem Fall – soviel ist sicher – auf Wahrnehmung beruht.

Alles was wir sehen, hören, riechen, tasten, schmecken, denken und fühlen, ist nur existent, WEIL wir es sehen, hören, riechen, tasten, schmecken, denken und fühlen. Ohne dieses Sehen, Hören, Riechen, Tasten, Schmecken, Denken und Fühlen wäre all das, was uns so erscheint, **wie** es uns erscheint, **nicht existent.**

Das Universum wäre nicht das Universum, wenn wir es nicht als Universum wahrnehmen würden. Jede Form, jede Farbe, jeder Ton, jeder Geruch, jeder Geschmack, jeder Gedanke darüber und auch jedes Gefühl entsteht erst DURCH unsere grandiose Fähigkeit **wahrzunehmen**.

Wie oder was wäre die Welt, wenn wir sie nicht wahrnehmen würden? Das, was wir „die materielle Welt“ nennen, würde sich weder sehen noch hören noch tasten lassen. In ihr wäre weder Geruch noch Geschmack. Sie wäre weder denkbar noch fühlbar. Sag mir, was wäre die Welt ohne all diese Attribute? Energie könnte man sagen. Oder noch besser: Bewußtsein. In jedem Fall aber wäre sie so, wie wir sie gegenwärtig wahrnehmen, **schlicht nicht vorhanden**. Keine Bäume, keine Straßen, kein Tier, keine Blume, keine Erde, keine Sonne, kein Mond, keine Sterne. Nur unvorstellbare, energetisch aufgeladene und unendliche Leere.

Warum erleben Ameisen eine andere Welt? Weil ihre Wahrnehmung eine andere ist. Oder denke an den Fisch. Für ihn gibt es nur eine Welt unter Wasser. Und selbst die nimmt er nicht als „Unterwasserwelt“ wahr wie wir Menschen. Sowohl der Begriff Wasser als auch der Begriff Erde haben in seiner Welt ebenso viel Bedeutung wie für uns das Wort Kokonalermonastril.

Unsere Welt ist eine **Wahrnehmungswelt**. Eine Welt, die JETZT durch Wahrnehmung entsteht und in einem einzigen Augenblick, in viel weniger als dem Bruchteil einer Sekunde durch Nicht-Wahrnehmung vergeht.

Der Begriff Maya (Illusion), der in der indischen Philosophie verwendet wird, um das zu bezeichnen, was wir als Welt erfahren, ist ein wenig irreführend, solange man nicht genau versteht, was damit gemeint ist. **Wenn** wir die Welt wahrnehmen, ist sie durchaus real. Die Kaffeetasse, aus der ich gerade genüßlich einen Schluck heißen Milchkaffee trinke, ist keine Illusion. Ich atme wirklich, und mein Herz schlägt tatsächlich. Ich sitze ganz real auf einem bequemen Drehsessel aus schwarzem Leder, und was ich in die Tasten tippe, erscheint tatsächlich auf dem Bildschirm meines PCs. Ich lebe in Süddeutschland, und nach mitteleuropäischer Zeit ist es jetzt genau – ein Blick auf die Uhr – 20 Uhr 13. Doch wenn ich all dies mit meinen Sinnesorganen nicht wahrnehmen könnte, weil ich entweder im Koma läge oder tot wäre – sag mir: Wäre es existent?

„Nicht für dich!“ würdest du vielleicht erwidern. „Aber für alle vernünftigen Menschen mit Sinnesorganen wäre die Welt nicht verschwunden, nur weil du sie nicht wahrnimmst!“ Natürlich, aber nur deshalb, weil sie noch Sinnesorgane besitzen! Jedoch wäre die Welt, jedenfalls so, **wie** wir sie wahrnehmen, im selben Moment ausgelöscht, in dem unser aller Wahrnehmung erlöschen würde. **Sie steht und fällt mit unserer Wahrnehmung.**

Der berühmte Neurophysiologe Vernon B. Mountcastel sagt: „Wärme, Licht, Kraft und chemische Zusammensetzung, das ist alles, was wir direkt von der Welt erfahren; **alles andere sind Hypothesen.**“

Auch der schottische Philosoph David Hume (1711-1776) stellte fest, daß das Wissen über die Realität aus Beobachtung und Erfahrung stammt. „Deine Beobachtungen und Erfahrungen sind deine, verschieden, nicht meine. Meine Wahrnehmungen sind nicht deine, sie sind exakt nichts anderes als meine Wahrnehmung. Wenn du und ich in unseren Beobachtungen übereinstimmen, sind deine Beobachtungen immer noch deine und meine immer noch meine, und unsere gemeinsame Anstrengung beweist immer noch nicht eine unseren gemeinsamen Wahrnehmungen zugrundeliegende Realität. Es ist aber nicht so, daß wir beide unrecht haben, es ist weder das eine noch das andere. Was bin ich anderes als die Sinneswahrnehmung dessen, was du mich nennst? Und, verwirrenderweise, umgekehrt? Wir haben uns nicht gegenseitig erfunden, wir haben uns nicht gegenseitig falsch wahrgenommen, wir haben uns einfach Vorstellungen voneinander gemacht, die nicht real sind."

Und der bekannte Wirtschaftsjournalist und Sachbuchautor Tor Noretranders schreibt in seinem Buch *Spüre die Welt*: „Das Ich erlebt sich als handelnde, wahrnehmende, denkende Instanz. In Wirklichkeit aber führt das Selbst diese Tätigkeiten aus. **Mein Ich ist die Benutzerillusion von mir selbst** ... Aber nicht nur das Ich ist, wenn es als die persönliche Identität und das Subjekt des Handelns erlebt wird, eine Illusion. Auch das, was wir erleben, die Welt, die wir sehen, spüren, fühlen und erleben, ist eine Benutzerillusion. Es gibt in der Außenwelt keine Farben, Töne und Gerüche. Sie sind etwas, **das wir erleben**. Damit ist nicht gesagt, daß es keine Welt gibt; sie existiert sehr wohl: Die Welt ist einfach – sie hat keine Eigenschaften, bevor sie erlebt wird, jedenfalls keine Eigenschaften wie Farben, Gerüche, Töne. Ich sehe ein Panorama, ein Gesichtsfeld; es ist jedoch nicht identisch mit dem, was bei meinen Sinnen ankommt. Es ist eine Rekonstruktion, eine Simulation dessen, was meine Sinne aufnehmen. Eine Deutung, eine Hypothese."

Das gilt es zunächst zu begreifen. Doch unser dualistisch konditionierter Verstand vermag diese Perspektive im alltäglichen Leben nicht zu bewahren, bevor sie verinnerlicht ist. Verinnerlicht wird sie nur, wenn wir uns an sie gewöhnen. Betrachte daher dein „Ich" von nun an als „Benutzerillusion" von dir selbst, und werde nicht müde, dich immer wieder als den Wahrnehmenden, den „liebenden Beobachter" zu realisieren. Diese Übung wird dein Bewußtsein ausdehnen. Und in diesem Prozeß der Ausdehnung wird deine wahre Natur immer weiter in den Vordergrund rücken, bis sie schließlich zum Zentrum deines Denkens und Handelns geworden ist.

Wenn dir dein „Ich" als Traumfigur bewußt wird, werden zwei Dinge geschehen: Erstens bist du sofort von deiner Angst befreit. Zweitens bist du nicht mehr das arme Opfer, sondern der souveräne Beobachter deiner „illusionären" Realität. Zwar kannst du den Realitätstraum nicht beenden. Jeden Morgen, wenn du erwachst, ist die Realität da! Aber du könntest ihr angstfrei begegnen. Wenn dir klar wird, daß dein Ich nichts anderes als deine „Traumfigur im Lebensspiel" ist, werden dich weder bedrohliche Situationen noch deine eigenen Ängste davon abhalten können, dein Lebensspiel mutig und voller Zuversicht weiterzuspielen.

Das Ende des Leidens

Für alle, denen der Begriff Advaita-Vedanta neu ist: Er stammt aus der indischen Philosophie und ihrer Sprache, dem Sanskrit. „Advaita“ heißt Nicht-Zweiheit, und „Vedanta“ bedeutet Ende des Wissens. Frei übersetzt bedeutet dies, daß alles Wissen in der **Erfahrung der Nicht-Dualität** von Geist und Materie seinen Abschluß findet.

Der Fokus der Advaita-Lehre ist das Ende des Leidens. Leiden entsteht nur in der dualen Welt. Und daß das stimmt, ist leicht nachzuvollziehen. Was macht dich unglücklich? Etwa, daß du nicht soviel Geld hast, um deinem Arbeitgeber endlich einmal zu sagen: „Rutsch mir den Buckel runter!“ Etwa, daß du noch nicht den Partner hast, den du dir seit Jahren erträumst? Etwa, daß du noch nicht soweit bist, endlich frei von allen materiellen Sorgen eine einjährige Weltreise machen oder gar ganz aus dem Arbeitsleben aussteigen zu können? Etwa, daß du in deinem Beruf noch nicht die Anerkennung oder die Position erlangt hast, von der du glaubst, sie würde dir schon längst zustehen? Etwa, daß du dir die Schönheitsoperation noch nicht leisten kannst, die dir das Aussehen verleiht, das du dir so sehnlich wünschst?

Selbst wenn du dir all deine Wünsche erfüllen könntest, wenn du so reich wärst wie der reichste Ölscheich, so erfolgreich wie Schwarzenegger oder so attraktiv wie ein Top-Model, würde das nicht zum Ende allen Leidens führen. Warum? Ganz einfach: **Du suchst dein Glück in der dualen Welt, und dort wirst du es, ja kannst du es niemals finden!** Denn da, wo Gutes ist, ist immer auch Böses. Wo Glück ist, ist immer auch Unglück. Wo Licht ist, ist immer auch Schatten! Lies die Biographien der Reichen und Schönen, und du wirst erkennen, daß sich in deren Leben genauso wie in deinem Glück und Unglück abwechseln. Das wird sich nie ändern, übrigens auch nicht für den, der sein wahres Wesen realisiert.

„Aber weshalb sollte ich dann diese Erfahrung anstreben? Was genau verändert sich denn?" wirst du fragen. **Nichts** und **alles,** ist die ehrliche Antwort. **Nichts**, weil du wie alle anderen Menschen auf diesem Globus die Gegensätze in der dualen Welt nicht aufheben kannst. **Alles**, weil du deinen Wesenskern entdecken wirst, der vom Auf und Ab der dualen Welt **vollkommen unberührt** bleibt.

Nonduales Bewußtsein verleiht dir die Gewißheit, daß du SELBST etwas anderes bist als das, was du in der Welt der Gegensätze erlebst. Zwar erfährst du weiterhin Freude und Schmerz, Glück und Unglück, Erfolg und Mißerfolg, so wie alle anderen, und doch wirst du inmitten all dessen noch etwas ganz anderes SEIN.

Was oder wer ist denn dieses andere? Es ist dein zeitloses Wesen. Das, was schon war, bevor du geboren wurdest. Das, was sein wird, wenn dein Körper verwest ist. Das, was ungeboren und unzerstörbar ist und sich niemals auch nur im geringsten verändert. Ob du auf der dualen Ebene Glück oder Unglück erfährst – im Kern deines Wesens wirst du zu jedem Zeitpunkt und bei jedem Geschehen ein von allem unberührter, unbeteiligter **liebender Beobachter** bleiben.

Nun wirst du wahrscheinlich fragen: Wie kann ich DAS erfahren? Und die Antwort ist: **Du bist DAS bereits**. Du kannst nie etwas anderes sein. Und wenn du schließlich **erfährst**, was du schon immer bist, wirst du dir wahrscheinlich mit der Hand an die Stirn schlagen und erstaunt ausrufen: „Mein Gott, wie war es nur möglich, daß ich DAS nicht schon früher gesehen habe!"

Genau besehen hast du nicht viele verschiedene Probleme, sondern nur eins: Du bist so angezogen, so fasziniert, ja so hypnotisiert von den Erscheinungen der dualen Welt, daß du total vergessen hast, wer du in Wahrheit bist. Diese „Amnesie" ist völlig okay, solange dich die Selbstvergessenheit erfüllt und befriedigt. Wenn du kein Interesse oder einfach keine Lust hast, zu deinem nondualen Status zurückzukehren, beweist dies lediglich, daß der liebende Beobachter in dir sein „Versteckspiel" noch ein wenig genießen möchte. Wenn du jedoch das Verlangen spürst, dich in deiner wahren Natur zu verankern, gibt es nur eine Möglichkeit: Du mußt deinen Verstand aus seiner dualistischen Konditionierung befreien. Das gelingt dir jedoch nur dann, wenn du deinen Verstand auf den nondualen Wesenskern einschwingst.

Einer der bedeutendsten Advaita-Lehrer, Ramana Maharshi, sagte einmal sinngemäß, daß jede Methode zur Realisation des zeitlosen Wesens wie ein Dorn sei, mit dem man sich einen Dorn aus dem Fuß zu pulen versucht. Hat man es geschafft, den Dorn zu entfernen, wirft man beide Dorne weg. Im übertragenen Sinne bedeutet das: Das Leiden ist weg und auch die Methode, um sich vom Leid zu befreien.

Die von mir empfohlene Methode ist denkbar einfach und kann sofort ausprobiert werden. Du brauchst nicht zu meditieren, du mußt keine Yoga-Übungen machen, keine Bücher lesen, ja du mußt noch nicht einmal verstehen, was Advaita im einzelnen lehrt. Du mußt überhaupt nichts in deinem Leben verändern.

Verzichte auf nichts, was du bisher getan oder erlebt hast. Versuche nicht, dich zu verbessern. Versuche auch nicht, dich nicht zu verbessern, wenn du davon überzeugt bist, du müßtest etwas in deinem Leben verbessern. Sei traurig, wenn Trauer aufkommt. Sei glücklich, wenn Glücklichsein da ist. Sei wütend, wenn Wut in dir aufsteigt. Sei gelassen, wenn du es vermagst. Denke positiv, wenn es dir gelingt, und wehre dich nicht gegen negative Gedanken, wenn du keine Energie zu positiven Gedanken in dir verspürst. Versuche nicht, deinen brennenden Wunsch nach Sicherheit, (mehr) Geld, Erfolg und Gesundheit auszumerzen. Laß den Wunsch los, wenn es dir vorteilhafter erscheint. Wenn du meditierst, bleib deiner Gewohnheit treu. Wenn es dir keinen Spaß macht, vergiß es. Ißt du mit Genuß Fleisch, verzichte nicht darauf. Bist du Vegetarier, ernähre dich weiterhin von Körnern, Obst und Gemüse. Du mußt wie gesagt nichts anderes tun, als das, was du bisher getan (oder nicht getan) hast. Du mußt nichts anderes denken als das, was du bisher gedacht (oder nicht gedacht) hast. Du mußt auch nichts anderes fühlen als das, was du bisher gefühlt (oder nicht gefühlt) hast. Du kannst aber auch das alles – dein Handeln, dein Denken, deine Gefühle – verändern, wenn es dir nützlich erscheint.

Was ich damit sagen will ist: Was auch immer gerade in deinem Leben geschieht, es ist für die Übung unwichtig. Daher – laß es dabei. Verändere es nicht. Das wäre bei der Übung, die ich dir empfehle, nur störend. Es würde den Dorn nicht entfernen, sondern ihn noch tiefer als zuvor in dein Fleisch treiben und das Leiden somit vermehren.

Laß alles so, wie es ist, nur eines füge hinzu: Realisiere, wann immer dir im alltäglichen Leben danach ist: „**ICH BIN der liebende Beobachter** all dessen, was sich da abspielt. Das Universum, der Globus, meine Lebenssituation, die Menschen um mich herum, mein eigener Körper, meine Gedanken, meine Gefühle – das alles ist nur ein Film, ein Theaterstück, eine Aufführung, eine Art virtuelle Realität. Der einzige Unterschied zwischen einem Kinofilm und meinem Lebensfilm ist der, daß mein Körper nicht bequem dasitzt und Popcorn mampfend zuschaut, sondern eine der vielen Filmrollen spielt. Aber ICH nehme lediglich wahr, was sich da abspielt. ICH BIN nicht, was ich wahrnehme. Und wenn ich etwas anderes fühle als Liebe, so kommt das nur daher, weil sich in meinem subjektiven Erleben etwas vor die Liebe zu schieben scheint. So wie bei einer Sonnenfinsternis, wenn der Mond das gleißende Gestirn verdeckt. Schließlich sind mein Körper, meine Gedanken, meine Gefühle Teil dieses Films, doch die Leinwand dahinter – meine wahre Natur – bleibt davon unberührt."

Insbesondere dann, wenn du „schlecht drauf" bist, realisiere deinen Beobachterstatus. Sage dir: „Ich erlebe das, ich nehme das wahr, aber ich bin es nicht! **Liebe ist alles.** Ich liebe, auch wenn ich es augenblicklich nicht fühle! ICH BIN nicht die Welt. Die Welt ist in mir, in meinem Bewußtsein, mitsamt meinem Körper. Ich nehme nur wahr, was geschieht!"

Mittendrin scheint der Film oftmals alles andere als ein Bewußtseinsspiel sein. Mittendrin in dem Film scheint die Bedrohung – dein kranker oder schmerzender Körper, deine Angst, deine Wut, deine Traurigkeit – ganz real zu sein. Deshalb ist es nützlich, kurze Formulierungen zu gebrauchen, beispielsweise: „Es ist nur mein Film!" Oder: „Ich beobachte nur!" Oder: „Ich nehme es wahr." Oder: „Ich bin Liebe!" Oder: „Ich bin außerhalb mittendrin!" Teste, welche dieser Formulierungen dich am schnellsten und effektivsten erinnert. Oder finde deine eigene.

Zu ersten Mal wurde mir der Gewinn dieser Übung durch den leitenden Arzt jener Klink bewußt, in der mein Tinnitus erfolglos behandelt wurde. Nachdem auch die Sauerstofftherapie versagt hatte, riet er mir, das Ohrgeräusch wie ein interessierter Beobachter wahrzunehmen, ähnlich wie ein Wissenschaftler, der ein neues Phänomen entdeckt hat. Zunächst dachte ich: „Ein übergeschnappter Professor – das fehlt mir jetzt gerade noch! Weiß der eigentlich, wie gräßlich so ein Dauergeräusch im Ohr ist? Sicherlich nicht, sonst hätte er mir unmöglich so eine dämliche Empfehlung gegeben!"

Wenn der Leidensdruck jedoch hoch ist, hält man sich bekanntlich an jedem Strohhalm fest, und so folgte ich seinem Rat. Zunächst wollte es mir nicht gelingen. Meine Ablehnung war einfach zu stark, als daß ich fähig gewesen wäre, das Klingeln und Pfeifen in meinen Ohren als eine Art wissenschaftliches Studium zu betrachten. Doch nach einigen Wochen gelang es mir zeitweise tatsächlich, einfach nur wahrzunehmen anstatt mich andauernd zu wehren und mein Leiden dadurch zu vermehren. Schließlich hörte ich auch viele andere Geräusche, gegen die ich nichts unternehmen konnte, auf diese distanzierte Weise, wenn sie mir auch nicht so nahe waren wie das Geräusch im eigenen Ohr. Ich fand heraus, daß es in erster Linie meine Identifikation mit dem Körper war, die mich leiden ließ. Denn weshalb hatte mich beispielsweise das manchmal ohrenbetäubende, nicht enden wollende Zirpen der Zikaden im Sizilienurlaub nicht sonderlich gestört? Doch nur, weil ich es als ein Geräusch in der Außenwelt wahrnahm, das „mit mir selbst" nichts zu tun hatte und spätestens nach dem Urlaub wieder enden würde.

Heute ist mir bewußt, daß die „Außenwelt" nicht nur die Zikaden im Gras, sondern auch meinen Körper, ja selbst meine Gedanken und Gefühle umfaßt. Ich bin in all dem nur der Wahrnehmende! Ich bin auch nicht mein Ohrgeräusch, es ist nur vorhanden, summt und zirpt vor sich hin. Und seit ich mich nicht mehr nur im „interessierten Wahrnehmen" übe, sondern zum liebenden Beobachter wurde, gibt es kaum einmal Momente, in denen ich das Ohrgeräusch nicht akzeptiere, und manchmal schätze ich es heute sogar. Solltest du auch so eine Grille oder Fahrradklingel im Ohr sitzen haben: Du kannst wie ich erfahren, daß es letztlich ein Privileg ist, auf so unmißverständliche Weise daran erinnert zu werden, daß wir nicht das sind, was wir jeweils wahrnehmen.

Zu Beginn der Übung ist es nicht leicht, störende Faktoren in der Außenwelt lediglich „wahrzunehmen“. Denn deine menschliche Existenz spielt sich ja tatsächlich auf der dualen Ebene ab. Du kannst ihr „als Mensch“ nicht entfliehen. Als Mensch mußt du dich den Herausforderungen des täglichen Lebens stellen und sie meistern. Gerade deshalb ist es ja so wichtig zu realisieren, daß es dein „Film“ ist. Du kannst nie im „falschen Film“ sein, auch wenn es dir manchmal so vorkommt!

Bedenke aber: Diese Übung ist nur der Dorn, mit dem du den Dorn, der dir auf der dualen Ebene Leiden verursacht, aus deinem Fuß pulst. Wenn der Dorn im Fuß erst einmal entfernt ist, hat der Übungsdorn seinen Zweck erfüllt, und dann wirst du ERKENNEN, ja sogar die irreversible Gewißheit erlangen, daß du der liebende Beobachter bist und Liebe deine wahre Natur ist, daß du, egal was auch immer im „Film“ passiert, Liebe bleibst.

Auf der dualen Ebene wirst du weiterhin Liebe als Eros (begehrliche Liebe) oder Philia (freundschaftliche Liebe) und damit auch ihr Gegenteil – Widerstand, Abneigung oder Gleichgültigkeit

– erleben. Auf der nondualen Ebene jedoch bleibt Liebe unzerstörbar. AGAPE ist keinem Wechsel unterworfen.

Indem du in jeder passenden und unpassenden Situation den „Dorn“ nutzt, wirst du mehr und mehr realisieren, daß AGAPE von Stimmungsabfällen oder schwierigen Situationen unabhängig ist. Sie ist und bleibt deine wahre Natur, deine Essenz, dein wahres, zeitloses Gesicht. Und irgendwann mag der Tag kommen, an dem du dich überhaupt nicht mehr daran erinnern mußt.

Wie bereits zu Anfang festgestellt: Selbstrealisation wird dich auf der dualen Ebene nicht von allen Schwierigkeiten, von Schmerz, Ärger, Mißmut, Wünschen und Sehnsucht befreien. Wie sollten wir von der dualen Welt **befreit** werden können, solange wir uns auf der Ebene der Gegensätze bewegen? **Und doch wird Befreiung erlebt.** Denn du wirst nun alles, was dir und anderen Lebewesen auf der dualen Ebene geschieht, verankert im AGAPE-Bewußtsein als liebender Beobachter WAHRNEHMEN können, ohne dich damit zu identifizieren. Anders gesagt: Zusätzlich zu deinem kleinen Ich in der dualen Welt wirst du dein großes ICH, dich als den ICH BIN realisieren und einen unaussprechlichen Frieden genießen.

Quintessenz

Das AGAPE-Konzept

Die Wahrheit ist unaussprechlich. Daher solltest du niemandem vertrauen, der behauptet, die Wahrheit zu verkünden. Sobald wir über die Wahrheit sprechen, wird sie zu einem Konzept.

Es gibt verschiedene Konzepte, um das, was wahr oder Realität ist, zu beschreiben. Das AGAPE-Konzept ist nur eines von ihnen. Wenn du dich von ihm angesprochen fühlst, bist du einer von denen, für die es konzipiert wurde.

Wenn du es beherzigst, brauchst du es nicht erklären zu können. Nach ihm zu leben ist weitaus wichtiger, als es zu lehren. Wenn ich es hier zusammenfasse, ist das nur eine Information für all die, die sich darin üben wollen:

1. Wir verstehen unter dem Begriff AGAPE die Liebe ohne Objekt. AGAPE ist nicht-verursachte, bedingungslose Liebe. Sie bedarf daher keines Objekts der Liebe.
2. AGAPE ist die ungeborene und unzerstörbare Energie, aus der sich die Welt formt.
3. Wenn sich AGAPE von sich selbst entfernt, wird sie zu AGAPE AUF DISTANZ (zu sich selbst). Auf dieser Erfahrungsebene erscheint

sie uns dual. Daher erfährst du sie in der Welt als Glück und Unglück, Gutes und Böses, Liebe und Haß.

4. Die materielle Welt, wie wir ihrer gewahr werden, ist das Produkt unserer Sinneswahrnehmung. Unsere Sinneswahrnehmung läßt AGAPE im Zustand der Zweiheit erscheinen, ein Phänomen im AGAPE-Bewußtsein.
5. Jeder von uns kann jederzeit in den Zustand von AGAPE zurückkehren. Wer es nicht will, kann sich weiterhin im Zustand von AGAPE AUF DISTANZ erfahren. Es ändert nichts daran, daß er AGAPE ist.
6. Wie kommen wir am schnellsten zurück zu AGAPE? Indem wir realisieren, daß wir AGAPE sind und nie etwas anderes als AGAPE sein können.
7. Warum funktioniert die Realisation: „Ich bin Liebe“? Weil sie mit unserer Essenz übereinstimmt: Jeder andere Gedanke über uns und die Welt beruht auf der Erfahrung der Dualität (Zweiheit).
8. AGAPE kann nicht gefunden werden, weil wir bereits AGAPE sind und AGAPE niemals verloren haben.
9. Die Liebe zur Liebe ohne Objekt ist die „BACK-TO-AGAPE“-Erfahrung. Abwen-

dung von der Liebe führt automatisch zur „AGAPE-AUF-DISTANZ"-Erfahrung. Beide Erfahrungen sind Illusion, weil letztlich alles, was existiert, AGAPE ist.

10. Wer in der Übung voranschreitet, muß sich nicht mehr daran erinnern, daß er AGAPE ist. AGAPE (oder Liebe) ist nur das Codewort, solange wir uns an unseren inneren Zustand der Liebe erinnern müssen.

Zehn Essentials für die AGAPE-Übung

Die Erfahrung von Erfolg und Mißerfolg, Freude und Leid ist primär das Ergebnis unseres Daseins in der dualen Welt. Wir werden nie einen Zustand erfahren, in dem sich Freude und Schmerz nicht abwechseln werden. Unser „Erlebniskosmos" jedoch, also die Art und Weise, wie wir unser Dasein subjektiv erleben, besteht aus nichts anderem als: Feedback, Resonanz auf unsere Schwingung.

AGAPE zu realisieren bedeutet wie gesagt nicht, daß wir keine Herausforderungen mehr erleben oder keine schmerzhaften Erfahrungen mehr machen. Aber wir können optimal damit umgehen, wenn wir überwiegend auf hohem Niveau schwingen. Wenn wir uns dazu entscheiden, auf der **höchsten** Ebene zu schwingen, können wir mit **optimalen** Ergebnissen rechnen, sowohl was unsere emotionale Verfassung als auch was unsere Lebensumstände angeht.

Um möglichst beständig auf der Ebene der Liebe zu schwingen, sind folgende Voraussetzungen nötig:

1. **Mach dir klar, daß Liebe deine wahre Natur ist.** Diese Annahme ist verifizierbar, wenn du dir folgende Fragen stellst: In welchem emotionalen Zustand fühle ich mich am wohlsten? Was fühle ich, wenn ich völlig entspannt, angstfrei, sorgenfrei und frei von Selbstanklagen oder Vorwürfen bin? Die Antwort auf beide Fragen ist Liebe. Wenn Liebe nicht unsere wahre Natur wäre, könnte sie uns weder zutiefst zufriedenstellen noch unseren Normalzustand anzeigen.

2. **Mach dir klar, daß du zu jedem Zeitpunkt Liebe bist.** Wenn du diesen Zustand nicht fühlst, ist das mit folgendem Erlebnis vergleichbar: Du sitzt in einem stehenden Zug und hast plötzlich den Eindruck: Er fährt los! In Wirklichkeit aber setzt sich der Zug auf dem Nebengleis in Bewegung. Du bist also einer Sinnestäuschung unterlegen. Wann immer du glaubst, Nicht-Liebe zu sein, erliegst du ebenso einer Täuschung aufgrund deiner begrenzten Sinneswahrnehmung.

3. **Korrigiere einfach deine Wahrnehmung und realisiere: ICH BIN LIEBE,** besonders dann, wenn du einen Schwingungsverlust

spürst. Oder sage dir: Ich liebe, obwohl ich (das Ding, die Situation, den Menschen) hasse. Hohe Schwingungen überlagern niedrige Schwingungen.

4. **Laß Liebe in niedrige Schwingungen hineinfließen**, anstatt sie zu verdrängen, dann lösen sie sich entweder sofort auf, oder sie weisen dich auf etwas Wichtiges hin.

5. **Wenn sich negative innere Zustände sofort auflösen**, zeigt es dir, daß du lediglich vergessen hattest, daß du Liebe bist. Denn immer dann, wenn du das vergißt, regiert dich dein konditionierter Verstand, der aufgrund seiner Programmierung Bedingungen braucht, um etwas liebenswert zu finden.

6. **Wann immer sich negative innere Zustände nicht sofort auflösen**, lösen sie etwas in dir aus, das im Ergebnis zu ER-LÖSUNG führt. Grundsätzlich gilt in so einem Fall: Angst sensibilisiert dich für potentielle Gefahren. Aggression sensibilisiert dich für notwendige Veränderungen in deinem Verhalten oder deinen Lebensumständen. Durch Trauer verarbeitet dein System schmerzhafte Verluste.

7. **Verdränge negative Emotionen nicht**. Du brauchst dich nicht positiv umzupolen. Laß Gefühle von Trauer, Wut oder Angst in dir zu, aber liebe dich dabei von ganzem Herzen, oder verrichte Tätigkeiten, die dich in den Flow-Zustand bringen. (Flow bedeutet: Liebe in Aktion, in Bewegung.) Dann wird deine Freude immer wieder zurückkehren.

8. **Mach deine Realisation, ICH BIN LIEBE, nie von Emotionen abhängig**. Nimm einfach immer wieder deine POSITION ein und laß dich nicht von deiner jeweiligen KONDITION beeinflussen.

9. **Bleibe in Übung.** Denn dann entwickelt dein Gehirn mit der Zeit eine Art Pawlowschen Reflex“[8], und du wirst von innen quasi au-

8 Die von Iwan Petrowitsch Pawlow, einem russischen Physiologen, begründete Theorie besagt, daß dem natürlichen, meist angeborenen Reflex künstlich ein neuer, bedingter Reflex hinzugefügt werden kann. Der bedingte Reflex wird dabei die gleiche Reaktion hervorrufen wie der natürliche, unbedingte Reflex. Pawlow ließ vor der Fütterung von Hunden eine Glocke ertönen. Nach einiger Zeit lief den Hunden der Speichel aus dem Maul, sobald die Glocke erklang. Es war nicht mehr notwendig, daß sie das Futter rochen oder sahen.

Unsere „Glocke“ ist die Erinnerung, daß Liebe unser natürlicher Zustand ist. Unser angeborener Reflex reagiert nur auf **äußere**

tomatisch daran erinnert, daß du Liebe bist und nie etwas anderes sein kannst.

10. **Laß dich nicht von der Liebe abbringen,** denn dein hohes Schwingungsniveau wird dich in jeder Hinsicht erfolgreicher und glücklicher machen. Vertraue jedoch weiterhin auf die Schwingung der Liebe, anstatt dich auf den Erfolg oder das temporäre Glücksgefühl zu verlassen.

Beweise der Liebe. Wenn unser Gehirn **neu konditioniert** ist, brauchen wir keinen „äußeren Beweis" mehr, um zu realisieren, daß wir Liebe sind. Bei kontinuierlicher Übung wird selbst der Reflex unbewußt, so daß die „Glocke" im Inneren erklingt und uns an unsere wahre Natur erinnert.

Nachwort

Die Erleuchtungsfalle

Wer sich mit dem Thema Erwachen oder Erleuchtung beschäftigt, wird sich insbesondere beim Lesen des letzten Kapitels „Selbstrealisation“ gefragt haben, ob es nicht eine Anleitung zum Erwachen sein soll.

Ich benutze die Begriffe Erwachen/Erleuchtung aus zwei Gründen nicht: zum einen, weil es so etwas wie Erwachen oder Erleuchtung nur in unserer begrenzten Vorstellung gibt; zum anderen, weil die Begriffe den Eindruck vermitteln, sie könnten einen Zustand herbeiführen, in dem wir noch nicht sind. Sobald dieser Eindruck entsteht, befinden wir uns in der „Erleuchtungsfalle“: Wir sehnen uns nach einer Erfahrung irgendwann, irgendwo. Und wir glauben: Ich bin noch nicht soweit wie derjenige, der erwacht oder erleuchtet ist.

Es hat jedoch noch nie einen Zustand gegeben, in dem du etwas anderes bist und sein kannst als das Subjekt, das alle Objekte wahrnimmt. Daher ist es völlig unmöglich, irgendwann, irgendwo etwas zu erfahren, das du nicht jetzt schon erfährst.

Kenner der Erleuchtungsszene werden nun darauf hinweisen, dies sei wohl wahr ..., ABER wer könne bezweifeln, daß sich die meisten Menschen ihrer wahren Natur nicht bewußt sind. Und daher müsse man sich ihrer erst „noch" bewußt werden. Mit dieser Behauptung verlegen sie jedoch wiederum die Erfahrung unserer wahren Natur in die Zukunft. Und damit errichten sie, sicherlich ohne daß sie es wollen, wiederum eine Barrikade zwischen den Bewußtgewordenen und den noch nicht Bewußtgewordenen oder noch Unbewußten.

Ramana Maharshi sagt: „Es gibt kein Erreichen des Selbst. Wenn das Selbst erreichbar wäre, würde das bedeuten, dass das Selbst nicht hier und jetzt ist ... Was man neu bekommt, wird man auch verlieren. Es wird also nicht von Dauer sein. Was nicht von Dauer ist, ist nicht wert, dass man danach eifert. Ich sage also: Das Selbst kann nicht erreicht werden. Du bist das Selbst."

Eigenartig ist, daß selbst manche von denen, die Ramana Maharshi (und andere Erwachte) verehren, seinen Worten offensichtlich nicht glauben. „Ich weiß zwar, daß ich nichts erreichen kann, was ich nicht schon bin, das habe ich (intellektuell) wohl verstanden, aber ERFAHREN habe ICH es immer noch nicht!"

Schwupp, da sitzen sie schon in der Erleuchtungsfalle! Denn sobald du diese Schlußfolgerung ziehst, „wartest" du immer noch auf den großen Kick! Du stellst dir vor: Wenn dieser Kick kommt, werde ich erleuchtet und/oder ein Mystiker wie beispielsweise Meister Eckhart sein, befreit von allen Anhaftungen, immer glückselig, immer geduldig, ohne ups und downs.

Dieser besondere Kick wird aber nicht kommen! Die Kicks, die tatsächlich kommen, vergehen auch wieder. Denn alles, was kommen kann, das kann und muß auch wieder vergehen. Ich habe in meinem Leben von Kindesbeinen an unzählige solcher Kicks erlebt. Aber sie kommen und gehen. Sie verändern lediglich dein subjektives Erleben, dein wahres Wesen jedoch kann nicht MEHR oder INTENSIVER erfahren werden, als du es bereits erfährst, weil du es bist.

Laß mich an der Atmung erklären, was ich meine: Atmen ist ein natürlicher und automatischer Vorgang. Du kannst und mußt ihn deshalb auch nicht erzeugen. Was du kannst, ist, den Atem für kurze Zeit anhalten oder den Atemrhythmus verändern. Wenn du, auf welche Weise auch immer, „Einfluß" auf deinen Atem nimmst, kannst du im wahrsten Sinne des Wortes „atemberaubende" Erfahrungen machen, doch das ändert nichts daran, daß du schon vorher ein „Atmender“ warst.

Die Kicks können zu ebensolchen Ablenkungen von deiner wahren Natur werden wie alle anderen Objekte, an denen du festklebst. Sie verleiten dich darüber hinaus zu der Ansicht, etwas Besonderes oder Außerordentliches zu sein. Das bist du zweifellos – jedes andere Lebewesen jedoch ebenso. Unsere wahre Natur ist nichts Besonderes. Sie kann nichts Besonderes sein, weil sie schon ist, was wir in diesem Augenblick sind. Sie ist so normal wie dein Atmen.

Selbstrealisation bedeutet: JETZT, in diesem Augenblick, nicht irgendwann in der Zukunft, zu realisieren: „Ich bin weder der Körper noch meine Gedanken noch meine Gefühle. Ich bin der liebende Zeuge all dessen, was existiert. **Ich KANN überhaupt nichts anderes sein**.“ Das ist eine völlig unspektakuläre Entdeckung einer dir bis dahin lediglich noch verborgenen Realität. Zu vergleichen vielleicht mit einem Menschen, der seine Brille sucht, und beim Blick in den Spiegel entdeckt, daß sie bereits auf seiner Nase sitzt. Wahrscheinlich wird er sich über seine Entdekkung freuen, weil es ihn von der Suche nach ihr befreit, aber die Freude ist kein Zeichen dafür, daß er die Brille nun endlich „erhielt". Vielleicht wird er angesichts seiner „Dummheit", überhaupt nach ihr gesucht zu haben, in lautes Lachen ausbrechen, aber auch das wäre kein Beweis dafür, daß er die Brille vorher nicht auf der Nase hatte. Selbst die Entdeckung der Brille auf seiner Nase hat nur insofern Bedeutung, als er endlich aufhört, nach ihr zu suchen. Er sieht aber nicht besser als zuvor. Er **realisiert** lediglich, daß er schon immer ebenso gut gesehen hat wie jetzt. Und wie sollte man über solch eine Erkenntnis nach langer Suche nicht lachen oder auch vor Freude weinen!

Nur dem, der seine Brille lange Zeit angestrengt und vielleicht sogar verzweifelt gesucht hat, wird die Entdeckung, daß er sie bereits auf der Nase hat und adäquat sieht, Erleichterung und eine Riesenfreude verschaffen. Doch der Suchende sieht nicht etwa besser als der Nichtsuchende. Daß Menschen Selbstfindung anstreben beweist lediglich, daß das eine Sein sich nicht nur in seiner „Traumrealität" verlieren, sondern auch wiederentdecken möchte.

Manche der „Erleuchteten", die „die Brille auf ihrer Nase" entdeckt haben, stehen leider aufgrund ihrer Entdeckung im Mittelpunkt des Interesses der Suchenden. Warum „leider?" Weil all jene, die nach ihr suchen, auf das ERLEBNIS der ENTDECKUNG ihres Gurus[9] fixiert sind. Bleiben wir bei unserem Beispiel, entsteht dabei folgendes absurdes Verhalten: Die Suchenden laufen zu dem, der die Brille auf seiner Nase entdeckt hat, um sich von ihm darüber belehren zu lassen, daß die Brille ebenso wie bei ihm selbst bereits auf ihrer Nase sitzt, hören jedoch nicht auf zu fragen, wie und wo sie den Spiegel finden, in welchem sie „entdecken" können, daß die Brille „tatsächlich" auf ihrer Nase sitzt.

Manche Lehrer intensivieren sogar die Suche, statt ihr Ende zu fördern, indem sie sagen, „der Weg zum Spiegel" sei gar nicht leicht und setze mitunter jahrelanges Meditationstraining oder das Lösen unzähliger Koans[10] voraus. Damit machen sie ihre persönliche Art der Entdeckung

9 Die Präsenz eines selbstrealisierten Lehrers kann mehr als jedes Buch und jede Methode zum Ende der Suche führen. Ich durfte dies bei Ramesh S. Balsekar in Bombay selbst erfahren und bin ihm dafür außerordentlich dankbar. Wenn du jedoch auf den Lehrer und seine besondere Erfahrung statt auf deinen eigenen Wesenskern fixiert bist, könnte seine Belehrung dich eher blockieren und ablenken als zur Entdeckung führen.

10 Ein Koan ist im Zen-Buddhismus eine paradoxe Prüffrage. Die bekanntesten Koan-Sammlungen sind das *Mumonkan* (Die torlose Schranke), gesammelt von dem Zen-Meister Mumon Ekai (1181-1260) sowie das *Hekigan-Roku* (Niederschrift von der smaragdenen Felswand). Der Zen-Schüler muß dem Meister darlegen, daß er das

der immerwährenden Realität zum Maßstab und erschweren suchenden Menschen die im Grunde überaus leichte Selbstrealisierung, weil sie die „Entdeckung“ wiederum in die Zukunft verlegen und an Bedingungen knüpfen. Manche weisen zu allem Unglück auch noch darauf hin, daß man nichts tun könne, um die Brille auf der eigenen Nase „zu realisieren“, dies sei reine Gnade, die außerordentlich wenigen Menschen auf diesem Globus zuteil werde. Solche Aussagen stimmen doch außerordentlich zuversichtlich, nicht wahr?

Ich frage mich, weshalb Menschen überhaupt Satsangs[11] besuchen oder Handbücher zum Erwachen lesen sollten, wenn das Erwachen ohnehin eine Gnade ist und nur dem passiert, der dazu auserwählt ist! Wenn Satsangs und Erleuchtungsliteratur nicht zum Ende der Suche führen, sind

Koan in der Meditation realisiert hat. Als eine innere Erfahrung ist diese Realisierung nicht zu verwechseln mit einer verstandesmäßigen Erfassung des Problems oder mit einer Erklärung wie der hier vorliegenden, ebenso wenig wie etwa der Verzehr einer Mahlzeit mit der Beschreibung der Zutaten oder des Rezeptes vergleichbar ist. Diese Methode des Übens und der Prüfung wird vor allem in der Rinzai- Richtung des Zen verwendet. (Zitiert aus: *Wikipedia. Die freie Enzyklopädie.*)

11 Satsang ist ein Wort aus dem Sanskrit. Sat bedeutet Wahrheit und sangha Zusammenkunft, Begegnung. Es ist ein Zusammensein in Wahrheit und Stille, zumeist mit einem selbstrealisierten Lehrer.

sie letztlich nicht mehr als eine ungewöhnliche, wenngleich durchaus interessante und wohltuende Art der Freizeitbeschäftigung!

Die **Erkenntnis**: „ICH BIN der Wahrnehmende“ beweist lediglich, daß es überhaupt keinen Grund gab, nach Erleuchtung zu suchen. Du siehst schon hervorragend. Denn **du bist** der Wahrnehmende. Und du warst noch nie etwas anderes. Und das hast du jetzt realisiert. Punkt. Solltest du darüber vor Freude laut lachen oder herzerschütternd weinen, in einen ekstatischen Zustand geraten oder einen vorher noch nie gekannten Frieden wahrnehmen, der nie mehr von dir weicht, hat das lediglich mit deiner Entdekkung zu tun und mit der Freude, am Ende der Suche angelangt zu sein.

Das einzige Problem, das wir hinsichtlich der Selbstrealisation haben könnten, ist nicht die Selbstrealisation an sich, sondern unsere Konditionierung. Die existentiell notwendige Identifizierung mit unserem Körper und unserem EGO ist ja nicht falsch, sie garantiert vielmehr unser Überleben auf der dualen Ebene, wie ich es in dem Kapitel „Die Sprache der Liebe“ ausgeführt habe. Unsere Konditionierung jedoch hält uns in dem Irrglauben fest: „Ich **bin** der Körper! Ich **bin,** was ich denke und fühle.“ Dieser Irrglaube führt zu der Täuschung, wir müßten zu unserer wahren Natur (zu Gott, zum wahren Selbst) zurückkehren. Daher kann es notwendig sein, unserem Gehirn zunächst „anzugewöhnen", unseren nondualen Status zu realisieren.

Kürzlich hielt mir jemand entgegen: „Es geht bei der Selbstrealisation nicht darum, den Verstand zu benutzen, sondern darum, ihn zu überschreiten." Ich halte diese „gängige" Formulierung für nicht sehr hilfreich, obwohl ich die Intention dabei durchaus verstehe. Was „überschritten" wird – wenn man es denn überhaupt so formulieren will –, ist lediglich der „dualistisch konditionierte" Verstand. Denn würde der Verstand in seiner Funktion „überschritten", würden wir nicht unsere wahre Natur realisieren, sondern schlicht zu Idioten degenerieren. Der sogenannte No-Mind-Zustand bedeutet nicht, daß der Verstand nicht mehr existiert, sondern in seiner Alleinherrschaft über uns durch das Zentrum der Stille abgelöst wird.

Unsere wahre Natur ist AGAPE, unzerstörbares Sein. Diesen Zustand müssen und können wir nicht erzeugen. Wir sind es selbst dann, wenn er uns noch völlig unbewußt ist. Wenn es überhaupt eine Übung gibt, dann ist es die, dich an das zu erinnern, **was du schon bist**. Denke aber nicht:

„Solange ich mich noch erinnern muß, HABE ich diesen Zustand noch nicht ERREICHT!“ Du hast ihn nicht nur, du **bist** der „ICH BIN“, jetzt, in diesem Moment. Das **Erinnern** könnte nur deshalb notwendig sein, um zunächst rational und schließlich intuitiv und irreversibel zu realisieren, daß du der Wahrnehmende und damit alles bist, was existiert.

Die Übung führt also nicht zum Selbst hin, sie fördert lediglich dein bereits vorhandenes, intuitives Wissen zutage, daß du der Wahrnehmende bist und noch nie etwas anderes warst.

Schau also nicht auf deine äußere Erscheinung. Vergleiche dich nicht mit den großen oder bekannten Lehrern und Gurus, mit ihrer speziellen Erfahrung, ihrem Charisma oder ihrer Lehrfähigkeit. Sie sind nicht weiter als du. Sie sind nicht besser als du. Sie sind nur das, was sie sind. Und du bist nur das, was du bist. Was ich meine ist: Die äußere Erscheinung ist jeweils eine andere. Das ist der einzige, wirklich der **einzige** Unterschied zwischen ihnen und dir. Selbst ein krummbeiniger Dackel hat die Buddha-Natur. Und er muß das im Unterschied zu uns verstandesbegabten Zweibeinern noch nicht einmal realisieren!

Über den Autor

Werner Ablass

war jahrelang im Management bekannter Markenartikelunternehmen tätig. 1994 machte sich der NLP-Master als Managementtrainer erfolgreich selbstständig. Privat interessiert er sich seit seiner Jugend brennend für Weisheitslehren und Erfolgsphilosophien. Besonders beeinflußt wurde er von Thaddeus Golas und dem indischen Advaita-Lehrer Ramesh S. Balsekar. Zum Weg des Liebens bietet er Workshops und Einzelcoachings an.

Um dein Schwingungsniveau zu erhöhen
und zu stabilisieren, biete ich an:

- **Einzelcoaching für Privatpersonen**
- **Einzelcoaching für Top-Manager (management by love)**
- **Workshop**
- **Dialog mit Werner**
- **Impuls-Vortrag**

Workshop, Dialog und Impuls-Vortrag
kannst du auch in deinem Wohnort organisieren.
Einzelcoachings finden in der Regel
in D-74336 Brackenheim statt.

Alle relevanten Informationen dazu
findest du auf meiner website:

www.agape-coaching.de

Feedback und Anfragen bitte an
info@wernerablass.de senden.

Auf jedes E-Mail erhältst du in jedem Fall eine
Antwort. Bitte achte auf die Angabe
einer gültigen E-Mail-Adresse.

Weitere Bücher aus dem Omega-Verlag

Jed McKenna

Spirituell unkorrekte Erleuchtung

Ausbrechen in die Freiheit

368 S., gebunden, € 19,80 [D] • SFr 35,20

ISBN 978-3-930243-34-1

Das Ausbrechen in die Freiheit nondualen Bewußtseins ist für Jed McKenna ein „spirituell unkorrekter“ Vorgang: Spiritualität nährt das Ego, Erleuchtung löscht die falsche Identifikation mit dem Ich für immer aus. In seinen schonungslosen Demaskierungen zeigt der Autor, wie die Ego-Verhaftetheit uns in einem Käfig beschränkender Vorstellungen gefangenhält und unser Sein auf Kindergartenniveau reduziert. Ums Erwachsenwerden geht es McKenna und ums Erwachen zu unserem grenzenlosen Potential. Wer darin aufgehen will, dem empfiehlt er „Spirituelle Autolyse“ – ein schmerzhafter Selbsthäutungsprozeß. Praktisch vorgeführt wird er am Beispiel der New-Age-Journalistin Julie. Literarisch dokumentiert findet McKenna ihn auch in dem mysteriösen Walfänger-Epos *Moby Dick*, das er als westliche Version des indischen *Mahabharata* entschlüsselt. Der Prozeß endet in jenem unbeschreiblichen Land jenseits aller Illusionen, von dem der Autor sagt: „Komm und sieh selbst.“

Zu beziehen in jeder guten Buchhandlung

Omega®-Verlag **G. Bongart & M. Meier (GbR)**

Karlstr. 32 D-52080 Aachen

Tel.: 0241-16 81 630 • Fax: 0241-16 81 633
e-mail: info@omega-verlag.de http://www.omega-verlag.de

Fordern Sie auch unser kostenloses Verlagsverzeichnis an!